PIERRE HURMIC : UN ÉCOLO À L'ÉPREUVE DU POUVOIR

DES MÊMES AUTEURS

Bordeaux : la chute de la maison Juppé
Éditions Le Bord de l'eau, 2020

Création graphique et travail éditorial : Pierre Moquet
Ce livre a été imprimé par CPI (170767)
N° ISBN : 978-2-8177-0975-8

JEFFERSON **DESPORT**
XAVIER **SOTA**

PIERRE HURMIC : UN ÉCOLO À L'ÉPREUVE DU POUVOIR

Éditions **SUD OUEST**

PROLOGUE

« DANS MES PETITS SOULIERS »

New York, quartier de Turtle Bay, Manhattan. Ce 22 juillet 2022, Pierre Hurmic passe les portes de l'une des instances internationales les plus prestigieuses : le siège de l'Organisation des Nations unies. Voilà presque deux ans que l'écologiste a été élu maire de Bordeaux. Ce matin-là, sur les bords de l'East River, c'est en tant que président du Forum mondial de l'économie sociale et solidaire qu'il se présente pour porter la voix et les préoccupations de trente-sept pays[1]. Plus précisément, celui qui a succédé au maire de Séoul vient travailler sur un projet de résolution en faveur d'une économie durable et vertueuse.

À son arrivée dans ce temple de la diplomatie mondiale, Pierre Hurmic ne cache pas une certaine

1. Depuis janvier 2022, Bordeaux assure pour deux années la présidence du GSEF (Global Social Economy Forum), et la région Nouvelle-Aquitaine la coprésidence Europe.

émotion : être reçu à l'ONU n'a rien d'anodin. Le maire de Bordeaux a donc décidé de marquer le coup. Mais à sa manière, et par un détail qui passe alors totalement inaperçu : ses chaussures. Alors qu'il les aime d'abord confortables, celles-ci semblent plutôt étroites. Et pour cause. Ce ne sont pas les siennes. S'il lui arrive de s'affranchir du protocole, comme nous le verrons, il ne s'agit cette fois-ci ni d'une maladresse, ni d'un oubli. Mais d'un acte délibéré. D'une marque de reconnaissance très personnelle. Aux pieds, Pierre Hurmic porte les souliers… de son père, décédé pendant la campagne municipale de 2020.

« Lorsqu'il est mort, je n'ai gardé qu'une seule chose de lui, ses chaussures. Des Mephisto. Quand j'ai su que j'irais à l'ONU, j'ai décidé que je les porterais pour lui rendre hommage. Elles ont fait le voyage avec moi. »

Et qu'importe si son père chaussait du 41 et lui du 43, Pierre Hurmic les enfile :

« Dans tous les sens du terme, j'étais dans mes petits souliers… »

Lucien Hurmic aurait-il apprécié ce geste posthume de son fils ? Rien n'est moins sûr. Il ne parlait jamais de politique et s'en tenait toujours à distance. Or, dans un saisissant effet miroir, Pierre Hurmic en a fait l'un des engagements de sa vie, avec le 28 juin 2020 un succès retentissant : offrir

Bordeaux à la gauche, après soixante-treize ans de navigation continue à droite.

Mais qui est ce maire écologiste successeur de l'éphémère Nicolas Florian et des deux anciens Premiers ministres Alain Juppé et Jacques Chaban-Delmas ? Qui est ce natif du Pays basque qui, seulement deux mois après son élection, s'est offert une première polémique majuscule, de celles qui vous collent à la peau pour longtemps ? En déclarant ne plus vouloir d'« arbre mort » à Bordeaux lors des fêtes de Noël, Pierre Hurmic s'est fait connaître de la France entière. Et même au-delà.

Pour répondre à ces interrogations, nous sommes allés voir derrière le sapin. Là où se déploie une culture assumée du bras de fer. Là où poussent des caméras de vidéosurveillance. Là où se cachent une princesse persane et d'ex-gloires de la variété française en manque de liquidités. Là où des socialistes avalent des couleuvres longues comme une ligne à grande vitesse. Là où fument les braises ironiques d'un championnat de France de barbecue. Là où surgit en chair et en os Léon… Trotski.

Et si l'arbre mort cachait une forêt ?

1

« JE SUIS MAL BARRÉ »

Bordeaux, samedi 19 juin 2021. Un mois et demi plus tôt, le troisième confinement a été levé. En ce début d'après-midi, les terrasses de la place Pey-Berland affichent de nouveau complet. Pour leur deuxième match de l'Euro de football, les Bleus de Deschamps affrontent la Hongrie. Après un an et demi de pandémie, il flotte comme un air de la vie d'avant, de retour à la normale.

À deux pas de là, le palais Rohan reste silencieux, sourd aux angoisses des supporters. L'escalier monumental où, cinq ans plus tôt, le personnel municipal avait rendu un vibrant hommage à Alain Juppé après sa défaite cuisante à la primaire de la droite et du centre, apparaît encore plus grand que d'habitude. Privilège des visiteurs du week-end.

Au premier étage, Pierre Hurmic attend dans ce qui est désormais son bureau. Il nous reçoit seul, sans son directeur de cabinet, Denis Congiu. Nous ne sommes qu'à quelques jours du premier anniversaire de son élection surprise aux municipales, et le souvenir de cette journée reste intact. Il faut dire que ce 28 juin 2020, l'écologiste est passé par toutes les émotions. Un constat qui vaut aussi pour son adversaire. Souvenons-nous : le perdant de 20 heures s'est avéré être le gagnant de 22 heures. Difficile de faire plus grand écart… Pourtant, c'est bien sur une hypothèse de défaite que Pierre Hurmic a traversé toute cette journée :

« J'ai fait un mauvais diagnostic. Si on gardait le même taux d'abstention, ce n'était pas gagnable. Mon pari était de mobiliser les jeunes. Or, pendant toute cette journée, j'ai fait le tour des bureaux de vote et, à la virgule près, le taux de participation était le même qu'au premier tour. »

Pierre Hurmic ne se le cache pas : « Je suis mal barré. »

Vers 19 h 30, il rentre chez lui abattu et « défaitiste ». Certain qu'il ne réalisera pas cette bascule historique, il s'attelle à l'écriture de son discours.

« Je me suis dit qu'il fallait qu'il soit digne. J'étais hyperdéçu, c'est un combat que je mène depuis de longues années. J'y croyais. À cet instant, j'ai flanché. »

Au pire, s'il finissait par l'emporter, par un invraisemblable retournement de situation, il se disait que « les mots de la victoire viendraient spontanément ».

Curieusement, l'écriture de ces quelques lignes le renvoie quarante ans en arrière lorsque, à la veille de passer son examen d'avocat, il avait rédigé pour lui-même une lettre d'encouragement, pour l'aider à surmonter sa déception en cas d'échec. Cette lettre commençait ainsi : « "Mon cher Pierre, c'est une décision douloureuse, mais..." J'ai refait le même coup... »

À 20 heures, lorsqu'il arrive à sa permanence rue des Trois-Conils, ses prédictions se confirment. Nicolas Mannant[1] n'a pas de bonnes nouvelles :

« Le premier sondage sorti des urnes te donne cinq points derrière Florian. »

Pierre Hurmic en est convaincu : il ne passera pas.

« Je me dis que c'est irrattrapable. C'est à ce moment-là qu'à la mairie, ils ont bu le champagne. Ils avaient les mêmes sondages que moi... »

Le candidat écologiste s'enferme alors dans son local de campagne, seul. Mais alors que la soirée s'écoule, l'écart ne cesse de se resserrer.

« À 21 heures, France 2 m'annonce devant. Là, je commence à y croire. Je suis en train de doubler Florian. »

L'information se répand en ville et ses soutiens affluent devant sa permanence pour fêter une victoire désormais inéluctable. Prudent, il attend néanmoins d'avoir les résultats de tous les bureaux.

---

1. Directeur de campagne et futur directeur de cabinet de Pierre Hurmic.

« À 21 h 30, je déchire le discours de défaite. »

Pierre Hurmic a réussi. Dans sa permanence, son premier cercle est là : Nicolas Mannant, Claudine Bichet[1], Delphine Jamet[2], Mélanie Bénard[3]... En revanche, si l'équipe politique est présente pour célébrer ce tremblement de terre, sa famille, elle, ne l'est pas. Pierre Hurmic a depuis longtemps cloisonné vie privée et vie publique. La séparation est solide. Étanche. Et il l'assume pleinement. Y compris ce soir-là :

« Je n'appelle pas mon épouse, elle n'est pas là. Je n'aurais pas voulu... Ma famille est la première victime de mon engagement politique. Je ne suis pas un père très présent. Quand je pars, personne n'est levé ; quand je rentre, tout le monde est couché. Je ne suis pas froid, mais dans la sobriété des sentiments... »

22 heures. Pierre Hurmic et ses partisans prennent enfin la direction de la mairie, dans une véritable cohue. Bordeaux a non seulement basculé à gauche, mais elle s'est en plus choisi un maire écologiste. Dans les étages du palais Rohan, Nicolas Florian et le macroniste Thomas Cazenave, les deux mariés

---

1. Future adjointe au maire chargée des finances, de la transition énergétique et de l'égalité femmes/hommes.
2. Future adjointe au maire chargée de l'administration générale, de l'évaluation des politiques publiques et de la stratégie de la donnée.
3. Future cheffe de cabinet.

de l'entre-deux-tours, ne peuvent que constater leur échec. Dans la cour de la mairie, Pierre Hurmic promet d'être « le maire de tous les Bordelais ».

La crise du covid limitera cependant les festivités au strict minimum.

Les SMS de félicitations tombent. Principalement des proches. Nicolas Florian l'appelle à 22 h 30 pour le féliciter.

Un peu plus tard, c'est accompagné de ses deux camarades de la promotion Sciences Po Bordeaux 1974, Nicolas Mannant et celui qui va devenir son conseiller politique, Jean-Bernard Dubosc, que Pierre Hurmic rentre chez lui. Là, il retrouve un couple d'amis des Pyrénées-Atlantiques :

« Quand ils ont vu les résultats, ils ont pris la voiture et sont venus à Bordeaux. C'est ma femme qui les a accueillis. Ils ont dormi à la maison. »

C'est dans l'intimité de ce premier cercle que Pierre Hurmic termine la soirée, « très tard ». Néanmoins, l'avocat ne change rien à ses habitudes : levé tôt, il prend la direction de son cabinet. Seulement, quelque chose a changé. Il est désormais maire élu de Bordeaux. Et aussi natif… du Pays basque. Tout sauf un détail.

À cet instant, cette dimension passe inaperçue. Qui sait, ou se souvient, que le nouveau maire a vu le jour à Saint-Palais, entre Bayonne et Oloron-Sainte-Marie ? Autour de la place Pey-Berland, peu de monde. Mais à 200 kilomètres de là, on n'a pas oublié :

« Ce sont les médias basques qui m'ont appelé en premier. Ils voulaient parler au maire basque de Bordeaux… »

Des élus des Pyrénées-Atlantiques l'appellent aussi. Jean-Jacques Lasserre, le président MoDem du conseil départemental des Pyrénées-Atlantiques et maire de Bidache, commune située à un jet de béret de Saint-Palais, décroche son téléphone. Tout comme Jean-René Etchegaray, le maire de Bayonne. Et cette reconnaissance est loin de déplaire au nouvel élu.

Certes, les chapeaux à plumes d'EELV carillonnent aussi pour le féliciter. À commencer par l'eurodéputé Yannick Jadot et le maire de Grenoble Éric Piolle – né à Pau, en Béarn, ce dernier garde toujours un œil sur la Nouvelle-Aquitaine… Il faut dire que ces municipales sont un cru historique pour les Verts. Ils ont conservé Grenoble et pris Lyon, Strasbourg, Poitiers et donc Bordeaux. Soit autant d'ambassades sur lesquelles s'appuyer pour la présidentielle qui se profile. Et les ambitions se dessinent déjà… Seulement, Pierre Hurmic a de la mémoire et les compliments du jour n'effacent pas l'indifférence de la veille :

« Durant la campagne, les médias nationaux ont peu évoqué la possible bascule de Bordeaux. Même les Verts, quand ils parlaient des villes qu'ils pouvaient remporter, citaient à chaque fois Toulouse et Lille mais jamais Bordeaux. Et ni Toulouse ni Lille n'ont basculé… »

Une petite phrase qui en dit long sur les rapports particuliers qu'entretient le nouveau maire avec sa famille politique.

Mais dans le tumulte de sa victoire, il appelle d'abord le refuge qu'il avait réservé pour l'été dans les Pyrénées. L'heure est à l'annulation. La randonnée promise à sa femme et ses deux fils n'aura pas lieu. Pas tout de suite. Il n'empêche. Chez Pierre Hurmic, Bordeaux et le Pays basque ne font qu'un. Et pour cerner le maire de Bordeaux, il convient d'avoir toujours ce paramètre à l'esprit. Il le dit lui-même :

« Je suis bordelais tous les jours et basque pour toujours. »

2

« LA MAISON TROTSKI »

Le nom de Pierre Hurmic n'a rien de basque, comme nous allons le voir. Mais du village de Saint-Palais – l'ancienne capitale du royaume de Navarre – à Saint-Jean-Pied-de-Port – au pied du col de Roncevaux – et jusqu'à Hasparren, il résonne toujours. Pour comprendre pourquoi, il faut remonter en arrière.

Ce 29 juin, si les médias basques appellent le premier édile dès le petit matin, c'est bien sûr pour sa victoire aux municipales, mais aussi parce qu'il est le fils d'une personnalité qu'ils connaissent encore mieux : le docteur Lucien Hurmic, décédé à 99 ans en mars 2020, soit quelques jours avant le premier tour des municipales. Il faut dire que celui-ci a marqué ce territoire de son empreinte. Ce qui était loin d'être une évidence pour cet homme né en 1921 en Gironde, à Caudéran. À l'époque, il ne s'agissait pas encore du quartier bourgeois d'aujourd'hui, mais d'une commune à part entière, et populaire.

Mais comme son père avant lui, et dans un curieux mimétisme du destin, Lucien Hurmic s'est, lui aussi, marié à une Basque, Maddy Chabalgoïty, rencontrée durant ses études à Bordeaux. Lui fait médecine quand elle est en école d'infirmière. S'il a déjà du sang basque par sa mère, sa femme Maddy garde un lien indéfectible avec sa terre natale et son village de Sauguis-Saint-Étienne, en Haute-Soule :

« Ma mère était très basquisante, livre Pierre Hurmic. Elle parlait mieux le basque que le français. Elle rêvait en basque. Et quand elle parlait français, elle traduisait du basque, qui était sa première langue. Mes deux sœurs aînées l'ont appris avant le français. Mais mon père ne le parlait pas. Je suis le dernier des quatre enfants et avec mon frère, on ne l'a jamais appris. »

Aussitôt diplômés, Lucien et Maddy quittent Bordeaux, direction Saint-Palais. Là, le docteur Hurmic crée, avec d'autres médecins, une clinique associative. Sa renommée le conduira à exercer aussi dans les cliniques d'Hasparren et de Saint-Jean-Pied-de-Port.

« Mon père, c'était un peu le docteur Schweitzer du Pays basque. Il travaillait 365 jours par an, 24 heures sur 24. Il faisait 100 000 kilomètres chaque année. »

Très vite, il devient « l'infatigable docteur ». Dans les années cinquante, il opère au dispensaire Sainte-Élisabeth, tenu par des religieuses, à Saint-Palais ; c'est le seul établissement de santé des alentours. Une médecine digne « du Moyen Âge », comme il le racontera dans un reportage de France 3 Euskal Herri en décembre 2012. Mais Lucien Hurmic a trouvé là sa cause : créer un centre hospitalier pour les habitants du Pays basque intérieur. Un long combat qui aboutit en 1970 à la création de la clinique Sokorri, selon un partenariat inédit à l'époque : une association de médecins s'occupant des soins et de la gestion d'une part, et les collectivités locales assurant la construction de la structure d'autre part. L'établissement, aujourd'hui dans le giron de l'hôpital de Bayonne, est toujours en fonctionnement. Il propose un plateau technique complet qui permet depuis un demi-siècle aux habitants de Saint-Palais et alentour de ne pas passer des heures sur des petites routes pour « aller à la ville » se faire soigner.

Tout entier dévoué à son travail, Lucien Hurmic est un homme austère, strict. Et s'il est le plus souvent absent, à la maison, un sujet reste tabou, sinon interdit :

« Mon père détestait la politique. Il était antigaulliste. Il ne m'a jamais dit pour qui il votait. Je pense qu'il votait blanc. Dans les villages, vous êtes obligé d'aller voter. Il n'aimait pas beaucoup le personnel politique qu'il trouvait dilettante et partisan. »

L'aversion profonde de Lucien Hurmic pour la politique est directement liée à ses parents; les grands-parents de Pierre Hurmic, donc. Eux étaient politisés à l'extrême.

« Mes grands-parents Hurmic étaient des arnacho-communistes. »

Son grand-père était issu d'une famille originaire de Langoiran, située sur la rive droite de la Garonne à une vingtaine de kilomètres de Bordeaux. Sa grand-mère, elle, était une Basque de la Haute-Soule ancrée à Trois-Villes, non loin de Tardets. À cette époque, les Chanquet sont pauvres, ouvertement communistes et « évangélisés » par un instituteur trostkiste.

« Dans le village de Trois-Villes, leur maison était surnommée "la maison Trotski" », raconte Pierre Hurmic.

Trotski, justement, ne va pas tarder à faire son apparition…

« Mon grand-père n'était pas politisé, mais ma grand-mère, elle, l'était. »

Surtout, elle a onze frères et sœurs.

« Leurs parents n'ayant pas les moyens de les nourrir, les aînés n'ont pas hésité à partir avant même leur majorité pour l'Amérique du Sud, avec des faux papiers. »

Ils s'installeront au Chili et en Argentine, empruntant à leur tour les voies de la diaspora basque.

« Des années plus tard, mes parents y sont allés pour découvrir cette famille. On a gardé quelques contacts. Certains étaient en prison, d'autres avaient réussi... »

Fortement influencé par sa femme, Henri Hurmic crée un phalanstère de fabrication de chaussures à Caudéran. Dans cette commune pauvre, les convictions politiques du couple s'enracinent et s'épanouissent.

« Mes grands-parents avaient beaucoup de contacts, notamment avec des républicains espagnols et des arnacho-syndicalistes basques et espagnols. »

Ce petit monde vit en réseau. Et c'est vraisemblablement leur engagement et leur « notoriété » dans le milieu qui vont leur faire rencontrer l'un des personnages majeurs du XXe siècle : Lev Davidovitch Bronstein, plus connu sous le nom de Léon Trotski.

Nous sommes en 1933. Voilà déjà quatre ans que Staline l'a fait expulser de l'Union soviétique. Et après ces quatre années d'exil en Turquie, Trotski arrive en France. L'homme va passer deux ans en France. D'abord à Saint-Palais-sur-Mer, juste à côté de Royan en Charente-Maritime. Puis à Barbizon près de Paris et enfin à Domène, non loin de Grenoble. Alors que la police de Staline le traque sans relâche, l'obligeant à vivre dans la clandestinité, Trotski fait une escale à... Caudéran, chez les grands-parents de Pierre Hurmic, où il passe la nuit.

« Mon père l'a vu et il nous l'a raconté. Il se souvenait d'un homme préoccupé. »

Lucien Hurmic n'a que 8 ans lorsqu'il voit arriver chez ses parents l'une des figures de la révolution d'octobre 1917. Ce sont des souvenirs d'enfant qu'il a gardés et voici le court récit qu'il en fait à Pierre Hurmic, bien des années après :

« Je vois encore ce vieux monsieur qui me disait : "Petit, travaille bien à l'école." »

Et Lucien Hurmic commentait à chaque fois ce propos de Trotski :

« C'est ce qu'il a dit de plus intelligent dans sa vie... »

Malgré ce trait d'ironie mordante, Lucien Hurmic a suivi ce conseil à la lettre. Fils unique, il se révèle un élève brillant. Premier prix d'excellence en allemand, une langue qu'il maîtrise parfaitement, il passe quelques étés en Allemagne et en Autriche.

« Ses parents étaient très contents, car à son retour, il leur a traduit Marx. »

Mais cela ne suffit pas à les rapprocher. Avant sa majorité, Lucien, excédé par le militantisme permanent de ses parents, quitte la maison familiale.

« Il a travaillé pour payer ses études de médecine. Il s'est fâché avec ses parents et il ne les a plus jamais revus. Je ne les ai pas connus. Mon père ne parlait pas d'eux. Il avait un caractère entier. Moi, à côté, je suis très ouvert… »

Aux thèses de Marx, Lucien Hurmic préfère celles du philosophe allemand Friedrich Nietzsche :

« Son livre de chevet, c'était *Le Gai Savoir*, mais en allemand. Il pensait que si Nietzsche était mal compris, c'est parce qu'il était mal traduit. »

3

« LE ROCHER RETOMBE SUR VOUS... »

C'est donc dans cet environnement sans grande fantaisie, dans le village de Saint-Palais, que Pierre Hurmic grandit. Au contact d'une mère très pieuse, catholique pratiquante, et dans l'ombre d'un père absent. À 11 ans, comme le veut alors la tradition dans les familles bourgeoises, ses parents l'envoient au collège à Bayonne. Mais pas n'importe où. Pour lui, ce sera l'internat à l'institution religieuse Saint-Louis-de-Gonzague :

« C'était entre le monastère et la caserne », se rappelle-t-il.

Pour tromper l'ennui, Pierre Hurmic lit beaucoup : Hugo, Maurice Leblanc, Péguy...

« J'ai beaucoup aimé Péguy. C'est mon seul point commun avec Finkielkraut... »

Le fils du docteur Hurmic a beau être tenu par la renommée paternelle, il n'est pas sans aspérités :

« Je n'étais pas un gamin facile, ni docile. Je ruais dans les brancards. J'étais bon élève en français et en histoire, je détestais les maths. »

Son caractère insolent lui vaut même plusieurs heures de colle. Mais il se révèle opiniâtre.

Après le bac, direction Bordeaux pour la fac de droit. Puis Sciences Po où il rencontre l'un de ses pères spirituels, l'historien du droit et théologien Jacques Ellul. Son enseignement sera déterminant. Pour l'heure, c'est un jeune homme qui arrive à Bordeaux :

« Mes premières années d'étudiant, je ne fréquentais que la communauté basque. J'allais au *Girondins*, un bar du cours de la Somme tenu par une Basque de Larrau en Haute-Soule. Elle s'appelait Marcelle. Tous les Basques se retrouvaient là. C'était le bistrot des Basques de Bordeaux, on y était comme chez nous. J'ai longtemps cru qu'il n'y avait que des Basques à Bordeaux… »

En parallèle, et pour payer ses études, il s'essaie au journalisme. Il devient le couteau suisse d'une publication aujourd'hui disparue : *La Vie de Bordeaux.*

« Je faisais les expositions de peinture et les concerts, je n'y connaissais rien. »

Tout en menant de front ses études de droit et Sciences Po, il livre quelques critiques de films et couvre la vie des quartiers de Bordeaux.

« C'est à partir de là que j'ai commencé à connaître et à aimer Bordeaux. »

Le métier de journaliste le tente, mais il ne s'écarte pas pour autant de son objectif. S'il a fait droit, c'est pour devenir avocat. En 1979, il entre comme avocat stagiaire au cabinet Estève par l'entremise d'un bon copain : Bruno Viaule. Et déjà, son penchant pour l'écologie se révèle :

« J'avais fait un mémoire sur la protection des sites contre l'affichage publicitaire. Puis j'ai commencé une thèse en droit de l'environnement que je n'ai pas terminée. »

Durant ces premières années, il court les commissions d'office « qui n'étaient pas payées » et une autre juridiction tout à fait singulière :

« J'ai appris le métier en plaidant devant le tribunal permanent des forces armées, rue de Pessac. Mitterrand avait supprimé les tribunaux militaires. On y jugeait beaucoup de déserteurs, le plus souvent des appelés du contingent qui rentraient dans leur famille le week-end et oubliaient de revenir. »

Durant ses plaidoiries, Pierre Hurmic se livre à ses premières provocations, avec l'objectif assumé et un rien bravache de hérisser le cheveu ras des juges en uniforme d'officier :

« En propos liminaire, je citais systématiquement cette phrase de Clemenceau : "La justice militaire est à la justice ce que la musique militaire est à la musique." »

BERTRAND CANTAT

Une affaire a néanmoins marqué sa carrière d'avocat : la mort, en 2003, de l'actrice Marie Trintignant, tuée sous les coups de son compagnon Bertrand Cantat, leader du groupe de rock bordelais Noir Désir. Beaucoup l'ont oublié, mais Pierre Hurmic a été l'un des avocats du chanteur emprisonné à Vilnius, en Lituanie.

« Je connaissais Bertrand pour l'avoir déjà défendu. Je connaissais aussi son frère Xavier et surtout Danièle, sa mère, qui était une militante très investie sur le terrain social à Bordeaux. Ils m'ont demandé d'être l'avocat de Bertrand. »

C'est ainsi qu'il rencontre à trois reprises le chanteur dans sa prison de Vilnius. Il est associé à l'un des plus grands pénalistes de sa génération, Maître Olivier Metzner :

« J'étais le petit grouillot de province ; lui, c'était la star du barreau. »

En face, la famille de Nadine Trintignant a choisi un autre ténor : Maître Georges Kiejman, l'ancien ministre socialiste. « Metzner et Kiejman étaient deux grands fauves qui se détestaient... », se rappelle le maire de Bordeaux. Alors que Bertrand Cantat a été condamné à huit ans de prison à l'issue de son procès en 2004, durant la campagne des municipales de 2020, Pierre Hurmic s'est vu attaqué pour l'avoir défendu.

« On m'a reproché d'être l'avocat d'un tueur de femme... J'ai trouvé ça détestable. Et si certains voulaient des excuses, ils peuvent toujours attendre... »

GÉNÉRATION ÉCOLOGIE

Chez Pierre Hurmic, le droit et la politique relèvent d'un long compagnonnage. Depuis son passage sur les bancs de Sciences Po, s'engager le démange. Mais il s'est fixé une règle : être d'abord indépendant financièrement. À la fin de ses trois ans de stage obligatoire, il ouvre donc son cabinet et visse sa plaque place Pey-Berland, à deux pas de la mairie.

« Ça a marché assez vite et quand mon cabinet a été assez prospère, je me suis dit que je pouvais faire de la politique. »

Dans l'euphorie de la victoire de François Mitterrand en 1981, ses proches le pressent de prendre sa carte au Parti socialiste. Il refuse. Mais quelques années plus tard, il franchit le pas et rejoint un écologiste qui monte : un certain Noël Mamère, ancien présentateur du journal télévisé d'Antenne 2 et tout juste élu maire de Bègles. Ainsi que nous l'avions raconté dans *Bordeaux : la chute de la maison Juppé*[1], c'est une petite phrase du nouvel élu qui les mettra alors en contact :

1. Éditions Le Bord de l'eau, 2020.

« Après mon élection à Bègles [en 1989], j'avais dit, ce qui était vrai, que j'avais pris le trésor de guerre des communistes puisque c'était la seule commune de plus de 20 000 habitants qu'ils géraient en Gironde. C'était une source de financement déguisée pour le Parti communiste. »

Les communistes et Simone Rossignol, l'ancienne maire communiste de Bègles, pourtant retirée de la vie politique depuis 1984, voient plus rouge qu'à l'ordinaire. Et l'attaquent en diffamation.

Noël Mamère cherche un avocat. Et comme rien n'est jamais tout noir ou blanc, c'est celui du PCF, Maître Touzet, qui lui conseille un jeune confrère... Pierre Hurmic. Le courant passe. Vu le caractère aigu de l'affaire, elle sera jugée à Toulouse pour la quiétude des débats. Un an après la plainte, le maire de Bègles et Pierre Hurmic montent ensemble dans une voiture. Direction la Ville rose.

« Pierre n'appartenait à aucun parti, mais il était déjà écolo. C'était un disciple d'Ellul, il y avait un terreau, se souvient Noël Mamère. Surtout, c'est l'époque où je crée Génération Écologie avec Brice Lalonde, Haroun Tazieff et Jean-Louis Borloo. »

Durant le trajet, le charme opère. Noël Mamère lui propose d'adhérer au mouvement. Pierre Hurmic se laisse tenter. Il prend sa carte. Aux régionales de 1992, il entre ainsi au conseil régional d'Aquitaine. Première élection.

Seulement, l'aventure Génération Écologie tourne court. Et Pierre Hurmic, qui préfère « la conscience à la consigne », se fâche avec Brice Lalonde. L'affaire vire au vinaigre et il finit par se faire exclure. Mais fidèle à l'opiniâtre collégien de l'institution Saint-Louis-de-Gonzague qu'il était, il ne se laisse pas faire :

« J'ai porté l'affaire devant la justice. J'avais rédigé les statuts, j'ai fait annuler mon éviction. Mais je n'ai pas repris ma carte. C'était juste pour leur montrer... »

ALAIN JUPPÉ

Cette déconvenue ne l'arrête pas. Bien au contraire. En 1995, alors que Bordeaux vit le crépuscule du chabanisme, il se présente pour la première fois aux municipales avec deux autres figures locales : Denis Teisserre, de l'association Trans'Cub qui a eu la peau du projet de métro, et François-Xavier Bordeaux, un ex-conseiller du Premier ministre Pierre Bérégovoy. Leur liste est baptisée « Trois Bordelais, le renouveau ». Comme le candidat du Parti socialiste Gilles Savary, ils entendent faire trébucher l'héritier de Jacques Chaban-Delmas, Alain Juppé, l'homme fort de Matignon. En vain. Un Premier ministre succède à un ancien Premier ministre et Bordeaux continue d'écrire sa légende : celle d'une ville réservée à des hommes politiques de haut vol, des politiques au profil d'hommes d'État. Tandis qu'Alain Juppé s'installe au palais Rohan pour vingt-quatre ans de règne, Pierre Hurmic, lui, se fâche avec ses deux colistiers. Et prend place dans les rangs de l'opposition pour… vingt-cinq ans.

Durant les deux décennies qui suivent l'élection d'Alain Juppé, il va ferrailler sans relâche contre lui. Le conseil municipal devient leur rituel, leur rendez-vous : ils s'emportent, s'agacent et se rendent coup pour coup. Les meilleurs ennemis.

Si en 2020 Alain Juppé vit douloureusement la défaite de Nicolas Florian qui fut son premier adjoint, il retrouve Pierre Hurmic en décembre 2021 dans les salons de l'hôtel de ville. À la veille de Noël, l'ancien Premier ministre assiste en effet au lancement d'un livre qui lui est consacré [1].

Pierre Hurmic joue les hôtes parfaits. Pour briser la glace et finir d'enterrer la hache de guerre, il cite Montaigne, maire de Bordeaux entre 1581 et 1585 : « C'est une charge qui doit sembler d'autant plus belle qu'elle n'a ni loyer, ni gain autre que l'honneur de son exécution. »

Il ajoute à destination d'Alain Juppé :

« Je sais que nous partageons les mots de notre prédécesseur. »

Réponse ouatée de l'ancien locataire des lieux :

---

1. *Juppé Bordeaux 1995-2019*, éditions Confluences.

« Pendant vingt-quatre ans, nous nous sommes engueulés régulièrement tous les mois. C'était un rendez-vous auquel nous étions très fidèles, cela ne nous a pas empêchés d'avoir l'un envers l'autre des sentiments de respect puisque nous partageons les mêmes valeurs républicaines. »

L'ambiance se réchauffant, Pierre Hurmic s'enquiert :

« Lors de votre dernier conseil municipal [en février 2019], vous m'avez lancé : "Vous êtes Sisyphe parce que vous poussez le rocher de la résistance municipale vers des sommets nouveaux." Je n'ai jamais su si je devais mal le prendre. Était-ce une vacherie ou un compliment ? »

Dans la salle, il ne fait aucun doute que la première option tient la corde. Et Alain Juppé le confirme :

— Dans mon esprit, le rocher retombe sur vous...

— Il est tombé du bon côté... rétorque Pierre Hurmic, qui en appelle alors à Albert Camus. La lutte elle-même vers les sommets suffit à remplir un cœur d'homme. Il faut imaginer Sisyphe heureux. »

C'est donc ainsi que Pierre Hurmic a traversé son quart de siècle dans l'opposition municipale : persuadé que son rocher parviendrait à la cime.

« Je me disais qu'un jour, cette ville finirait par basculer. »

Les faits et son obstination ont fini par lui donner raison le 28 juin 2020. Désormais, c'est à lui d'écrire la suite. Et en ce début d'été, il y a tout à faire.

4

« J'AIME LES STEAKS TARTARES »

Au lendemain du second tour et de cette courte nuit, Pierre Hurmic est donc élu maire de Bordeaux. Mais avant d'être pleinement installé dans ses fonctions par le premier conseil municipal de la nouvelle mandature, le 3 juillet à l'auditorium, il y a une transition à mener. Avec les sortants, désormais les grands battus de cette élection, mais aussi avec les entrants. Or, cette équipe n'était pas programmée pour gagner : la plupart des membres affichent peu ou pas d'expérience politique. Si Pierre Hurmic a réussi à réunir sous une même bannière des écologistes, des socialistes, des communistes et des personnalités de la société civile, il se trouve néanmoins devant une feuille blanche. Et un chantier majuscule : tourner la page de soixante-treize années d'une vie municipale ancrée à droite pour incarner une nouvelle vision de Bordeaux.

Le défi est de taille, mais celui qui vient de voir sa vie chamboulée reste serein :

« Après la victoire, je me dis simplement qu'il faut y aller. Je n'ai jamais été angoissé. Impressionné oui, angoissé non. »

TRANSITION

Comme pour toute alternance, cet après commence par une rencontre entre le vainqueur et le vaincu pour un tour des dossiers en cours. Rendez-vous donc au premier étage du palais Rohan. Si l'exercice relève de la figure imposée, chez les perdants, la défaite a laissé des traces. Le coup n'a toujours pas été encaissé.

Dans l'ancien bureau d'Alain Juppé que Nicolas Florian s'apprête à quitter à son tour, Pierre Hurmic, Nicolas Mannant et Jean-Bernard Dubosc – son futur conseiller – arrivent pour la traditionnelle prise de contact.

Lors de cet étrange face-à-face, Pierre Hurmic marque d'entrée son territoire. Il entend redistribuer les cartes des postes les plus sensibles. À chaque élection, les principaux chefs de service le savent : leurs fauteuils deviennent de véritables sièges éjectables. À commencer par celui, stratégique, du directeur général des services, Éric Ardouin. En place depuis 2014, il a accompagné Alain Juppé durant six ans. Mais pendant que l'ex-Premier ministre de

Jacques Chirac mène campagne matin et soir pour la primaire – finalement perdue – de la droite et du centre, Éric Ardoin s'impose comme l'homme fort de la mairie et de la métropole. Sous sa responsabilité, 7 000 agents municipaux et métropolitains.

Lors de cet entretien, Pierre Hurmic ne joue ni la montre, ni la diplomatie :

« Je dis au DGS que je ne veux pas le garder. Il est un peu étonné, mais je veux choisir le prochain DGS et ce n'est pas sujet à discussion. »

L'ambiance déjà fraîche ne se réchauffe pas, mais Pierre Hurmic laisse entrevoir là un premier trait de caractère.

« Quand il faut dire non, le meilleur moment, c'est le premier. »

Donc Pierre Hurmic ne perd pas une minute. Les premiers jalons sont posés. Avant de se quitter, Nicolas Mannant, le directeur de campagne de Pierre Hurmic, propose une photo commune avec les entrants et les sortants.

« Nicolas Florian a dit non… », se rappelle Pierre Hurmic.

Au final, la transition se résumera au strict minimum :

« Ardouin m'avait fait un topo de six pages sur les dossiers du moment. »

Les battus ne sont pas d'humeur partageuse. Mieux : ils ont fait place nette.

« On ne trouve pas d'archives cabinet… Ils ont tout déménagé. Dans ce bureau, je tombe sur des dossiers sans intérêt, mais pas ceux importants comme les Girondins, la sécurité, le Crédit municipal. Florian n'a pas fichu grand-chose durant un an et demi. Le Crédit municipal, il n'y a mis les pieds qu'une fois en tant que maire… »

Crédit municipal qui constituera justement un joli moment de bravoure pour le nouveau maire…

RENDEZ-VOUS DE BAZAS : LA NOUVELLE ÉQUIPE

Pierre Hurmic doit bâtir sans tarder sa majorité municipale. Et nommer ses adjoints. En clair : distribuer les responsabilités, poser les fondations de sa mandature.

Pour cela, il donne rendez-vous à tous ses colistiers à… Bazas, le dimanche 5 juillet, soit une semaine jour pour jour après le second tour, pour un séminaire « d'intelligence collective ». Une idée mise en scène par la future – et éphémère – cheffe de cabinet Mélanie Bénard, longtemps collaboratrice du groupe écologiste à la mairie de Bordeaux.

La victoire l'a, elle aussi, prise au dépourvu : elle devait ouvrir son école de yoga au lendemain de l'élection. Un cabinet spécialisé dans les processus participatifs est mandaté pour aider à constituer une équipe municipale.

Ce rendez-vous de Bazas doit donc accoucher du qui fait quoi. Une question qui, à de rares exceptions près, n'a jamais été à l'ordre du jour des fiévreuses réunions de campagne. Tous les invités de la liste répondent présent : soit soixante-cinq personnes. Aucune d'elles n'a fait l'objet de quelconques promesses. Il n'empêche. En ces premiers jours ensoleillés de juillet, l'attribution de deux portefeuilles importants est déjà gravée dans le marbre, comme le confie Pierre Hurmic :

« Bernard-Louis Blanc à l'urbanisme, Claudine Bichet aux finances et première adjointe, ça, c'était fléché. Les grosses thématiques étaient déjà attribuées. Je le leur avais laissé entendre et je savais qu'il n'y avait pas le choix. »

Bernard-Louis Blanc est l'ancien président d'Aquitanis, l'un des plus importants bailleurs sociaux de la métropole bordelaise. Parfait connaisseur du monde de la promotion immobilière, on lui doit notamment la rénovation de trois immeubles dans le quartier du Grand Parc, un chantier primé par l'Union européenne en 2016. Un professionnel connu et reconnu sur la place bordelaise.

Quant à Claudine Bichet, elle s'est engagée pendant la campagne derrière le candidat. Un profil rare dans la galaxie verte : elle était jusque-là directrice du contrôle de gestion de SFR business puis de Cdiscount.

Delphine Jamet, partenaire indissociable des années d'opposition, héritera pour sa part de l'administration générale.

Mais il reste tout de même vingt-deux postes d'adjoints à distribuer, ainsi que ceux de conseillers municipaux délégués.

Le rendez-vous de Bazas commence. Et Amine Smihi, celui qui deviendra le « Monsieur sécurité », n'a pas oublié :

« On se retrouve dans une étable en terre battue. On a été un certain nombre à bien se marrer en constatant à quel point on pouvait être au-delà de la caricature ! Ça chambrait beaucoup. On se disait qu'on n'allait quand même pas mettre de la terre battue et des bottes de paille à la mairie… »

Pierre Hurmic prend la parole devant ses élus encore sous le coup de leur victoire :

« Je ne vais pas faire ça dans le secret de mon bureau, en convoquant les uns et les autres, comme on constitue un gouvernement. Par contre, il y a des contraintes que je dois prendre en compte. Je ne dirai pas oui à tout, je vais arbitrer. En attendant, ne vous autocensurez pas, exprimez vos attentes. Mais veillez à ce qu'il y ait une adéquation entre vos désirs, vos compétences et vos capacités. »

C'est là qu'intervient la méthode « d'intelligence collective ». Le principe est le suivant : les colistiers écrivent leurs vœux sur un Post-it avant de l'afficher au tableau. Mais avant cela, la journée commence par une séance de... méditation collective. Pendant que les plus investis ouvrent leurs chakras, les plus sceptiques se retrouvent à l'extérieur pour fumer une cigarette.

Pierre Hurmic est convaincu du bien-fondé de la méthode :

« Ça oblige à se découvrir, ça a très bien marché. J'avais mes grilles de lecture, notamment l'investissement des gens durant la campagne. Pour moi, c'était un vrai marqueur. Il fallait aussi intégrer la répartition politique, les ambitions des uns et des autres. Une fois qu'on a eu tous les vœux, on s'est réunis autour d'une table et on a commencé à choisir... Il n'y a pas eu de clash. Il en est ressorti un consensus. C'était transparent. Le dimanche soir, j'avais le casting municipal. »

C'est ainsi qu'un paysagiste, Dimitri Boutleux, devient adjoint à la culture ; qu'un comédien, Didier Jeanjean, prend en charge les « quartiers apaisés » ; qu'un enseignant, Amine Smihi, s'occupe de la sécurité ; qu'une blogueuse, Camille Choplin, devient adjointe à « la démocratie permanente et à la gouvernance par l'intelligence collective ».

Si le processus peut prêter à sourire, Nicolas Mannant, l'ancien directeur de cabinet, le défend :

« J'ai fait les campagnes de Rousset et Madrelle et ce n'était pas aussi sérieux qu'on veut le croire. Nous avons essayé d'adopter un autre point de vue sur la manière de faire. On n'avait pas tellement d'autres possibilités. À côté du PS, les Verts, ce sont des nains de jardins. Il fallait faire avec des équipes qui n'avaient pratiquement aucune expérience. »

TOUT UN PLAT

Cette drôle de journée révèle aussi la diversité de cette majorité. Et ce jusque dans les assiettes. Dans ce Sud-Gironde, deux écoles se font jour : les tenants de la bazadaise, la célèbre vache à viande, et les autres, ceux pour qui l'alimentation carnée n'est plus qu'un vieux souvenir. Si les socialistes et les communistes de la liste mettent en concurrence leurs meilleures adresses de boucheries, il en faudrait plus pour donner une indigestion à Pierre Hurmic :

« Chez les Verts, c'est comme ça : tout le monde n'est pas vegan. Je ne suis pas végétarien, j'essaie de manger le moins possible de viande… Mais j'aime les steaks tartares. »

Le nouveau maire est d'ailleurs particulièrement souple sur le sujet. Deux ans plus tard, début juillet 2022, place des Quinconces à Bordeaux, il prononce un discours d'accueil chaleureux à l'occasion du championnat de France de… barbecue. Un rendez-vous qui s'articule autour de trois spécialités : la viande, le végétarien et le dessert. Malgré la place laissée aux fruits et aux légumes, en interne, certains manquent de s'étouffer :

« Des proches de ma sensibilité politique m'ont expliqué que le barbecue, c'était pour les beaufs, s'agace Pierre Hurmic. Je trouve ça insupportable. Il ne faudrait parler qu'à l'écolo-bobo ? Mais qui faut-il convaincre de changer de modèle, d'évoluer ? Moi, je parle à tout le monde. Et j'ai préconisé d'aller vers moins de viande… »

Il ignore alors que plus tard, fin août, lors des journées d'été d'EELV à Grenoble, Sandrine Rousseau remettra le couvert. La finaliste de la primaire des écologistes, devenue députée de Paris, placera l'art du barbecue à la moulinette de la déconstruction :

« Il faut changer aussi de mentalité pour que manger une entrecôte cuite sur un barbecue ne soit plus un symbole de virilité », explique-t-elle.

La droite voit aussitôt rouge vif. Le grilladin Éric Ciotti, en route pour la présidence de LR, réplique aussitôt à la pique à brochette :

« Quand le grotesque atteint son paroxysme… Stop à ces délires ! »

Nadine Morano ajoute le sel et le poivre :

« Ça suffit d'accuser nos garçons de tout ! Stop à la "déconstruction" de nos hommes ! Stop aux délires de Rousseau ! »

Alors que la classe politique s'écharpe sur le genre du barbecue et la psychologie de ses pratiquants, Pierre Hurmic, l'amateur de steak tartare, balaye cette nouvelle polémique de sa camarade d'EELV, consterné :

« L'écologie du buzz, très peu pour moi… »

5

« VOUS CHAUSSEZ DU COMBIEN ? »

En gagnant la mairie de Bordeaux, Pierre Hurmic découvre les apparats du pouvoir. Un décorum qu'il n'aime pas. Et un tralala protocolaire auquel il n'entend pas se plier. Là encore, le nouveau maire entend faire sobre, marquer une fois de plus sa différence avec son prédécesseur. Et ce jusque dans ce vaste bureau qui sera désormais le sien pour les six prochaines années.

Ce bureau, Pierre Hurmic ne le découvre pas. Sous les mandatures précédentes, c'est là qu'Alain Juppé organisait, avant les conseils municipaux, les réunions des présidents de groupe. Mais à l'heure de l'investir, il rompt avec cette habitude de tout réaménager à son goût, de faire du passé table rase : ces questions ne l'intéressent pas. S'il a d'emblée obtenu la tête du directeur général des services, il n'a aucune intention de jouer les Monsieur Meuble.

« Quand Florian est arrivé, il a changé le mobilier. Moi non. On m'a proposé de le faire, j'ai refusé. »

Cependant, cette sobriété doit s'observer de près. Car c'est un nuancier très politique qui se dessine dans la clarté de ce bureau dont les hautes fenêtres ouvrent sur les jardins. En effet, s'il n'a pas tenu à renvoyer l'ameublement, il a surtout tenu à conserver un élément majeur de la pièce : le fauteuil de Nicolas Florian, celui-là même qu'occupait Alain Juppé.

Pour comprendre, il faut remonter à cette soirée du second tour. Comme nous l'avons raconté dans *Bordeaux : la chute de la maison Juppé*, une fois la défaite de Nicolas Florian scellée, Alain Juppé ne peut contenir son amertume et déclare : « J'ai été maire pendant vingt-cinq ans et je n'ai jamais imaginé que cette personne pourrait s'installer dans mon fauteuil. »

Une petite phrase que Pierre Hurmic n'a pas digérée.

« J'ai décidé de garder le fauteuil après ce qu'a dit Juppé. Symboliquement pour moi, c'est fort de le garder. D'ailleurs, ce n'est pas son fauteuil mais celui du maire de Bordeaux. »

UNE DÉCORATION POLITIQUE ET LOCALE

Pour autant, ce n'est pas là la seule référence à l'ancien premier édile de Bordeaux ; une autre se trouve accrochée à l'un des murs de ce même bureau. Il s'agit d'un tableau signé de l'artiste bordelais Jofo, une toile offerte à Pierre Hurmic par l'ensemble de ses colistiers et que l'auteur a remise en main propre au nouveau locataire des lieux. Or, cette toile n'est rien d'autre qu'une allégorie de la victoire de Pierre Hurmic et de la défaite du camp Juppé. À l'intérieur du cadre, l'artiste a imaginé une vague qui emporte tout. Et dans le coin gauche, un petit personnage chauve est emporté à son tour, balayé. D'aucuns y reconnaîtront... Alain Juppé.

Et l'intéressé ne s'y trompera pas. Quelques mois plus tard, lors de leur premier échange en tête à tête, dans le bureau, Alain Juppé lève les yeux vers ce tableau :

« Ah mais je le reconnais... », s'amuse le sage du Conseil constitutionnel.

Réponse de Pierre Hurmic :

« En effet, c'est Jacques Ellul. Vous savez combien il est important pour moi. »

Au-dessus de *La Vague*, il a accroché le portrait en noir et blanc du penseur.

« Un cadeau de son petit-fils », rappelle-t-il.

Cependant, la référence à Jacques Ellul fait appel à un vieux souvenir. Nous sommes en 2006. De retour de son exil canadien, Alain Juppé reprend les rênes de la mairie. Et une idée fait son chemin : pourquoi ne pas débaucher un membre de l'opposition ? Il invite donc Pierre Hurmic à dîner chez lui.

« Ce soir-là, Juppé a été charmant. On discute des Inuits, de la fonte des glaces. Je constate que ces sujets lui parlent. On aborde la politique et je devine qu'il méprise Bayrou. On parle aussi beaucoup de Jacques Ellul. »

Le lendemain, Pierre Hurmic file chez Mollat et achète les œuvres de son mentor.

« Je les dépose au cabinet de Juppé. Je crois qu'il ne m'a jamais remercié. Quelques jours après ce dîner, on s'est recroisés, il a été comme d'habitude… froid. »

Pierre Hurmic refusera de devenir l'adjoint d'Alain Juppé.

Mais revenons en 2020.

Comme le veut l'usage, le nouveau maire peut, en plus de son mobilier, choisir les tableaux qui orneront son bureau. Des œuvres du musée des Beaux-Arts. Et sur ce point, Pierre Hurmic accepte mais limite sa sélection aux seuls artistes bordelais. C'est ainsi qu'il fait accrocher un tableau d'Albert Marquet : *Les Arbres à Billancourt.*

« La seule condition était que je n'utilise pas la clim. Ça tombait bien, je ne comptais pas m'en servir. »

Il ajoute un portrait de François Mauriac et *Un Jeu de pelote à Ciboure.* Et sur une console, une

Marianne sous les traits de Brigitte Bardot, achetée à ses frais en 1974. Elle est signée de l'artiste lormontais Aslan, le dessinateur des pin-up de l'ancien magazine de charme *Lui*.

CHANGEMENT DE PRATIQUES

Toutefois, il n'y a pas que dans ce bureau qu'il va imposer sa marque.

De fait, lorsqu'il prend ses responsabilités, la mairie fonctionne toujours selon le protocole et les règles qui prévalaient sous l'ère Juppé et, avant lui, Chaban. Deux anciens Premiers ministres accoutumés à une certaine pompe républicaine :

« À mon arrivée, il y avait un appariteur qui devait m'amener du rez-de-chaussée à mon bureau. Florian, ça ne le gênait pas trop. Moi si. »

Pierre Hurmic s'étonne de cet usage auprès de l'intéressé.

« C'est l'usage », lui répond-il.

La réponse de Pierre Hurmic fuse :

« "Demain, ce n'est pas la peine, vous restez en bas." Du coup, maintenant, il téléphone pour prévenir que le maire arrive… »

Très vite, le nouveau locataire des lieux annule et remplace les usages que l'on pensait gravés dans le marbre. Pierre Hurmic imprime sa différence :

« On simplifie, on arrête avec les serveurs en gants blancs… Je mange là tous les midis, une pizza achetée au *Rohan*[1]. C'est une façon de gagner du temps, je ne suis pas très mondain. »

Ses interlocuteurs, comme les différentes autorités de la ville, ne vont pas tarder à le découvrir. Nous sommes le 14 juillet, Pierre Hurmic est attendu pour la cérémonie. Or, avant de s'y rendre, l'huissier l'arrête et lui fait observer qu'il ne peut s'y présenter en baskets, dont il ne se départit qu'exceptionnellement.

« Il y aura la préfète, les autorités militaires, les anciens combattants… »

Pierre Hurmic ne se démonte pas : il regarde les chaussures de l'huissier et lui demande :

« Vous chaussez du combien ? »

Du 42. Comme lui.

« Il me les a données et je suis arrivé au défilé avec les chaussures de l'huissier. »

Si l'anecdote est connue, il l'admet :

« J'ai des marges de progression. Je suis allé aux cérémonies aux monuments aux morts en baskets et certains se sont sentis offensés. Je ne veux offenser personne. Pour moi c'est un détail, mais s'il peut blesser, c'est à moi de m'adapter. La tenue vestimentaire, je m'en fous. Les deux costards que j'ai achetés pour la campagne sont dans l'antichambre de mon bureau, pour m'habiller au cas où. »

1. *Le Café Rohan* est une brasserie installée sur la place Pey-Berland, juste à côté de l'hôtel de ville.

Si cette approche peut paraître déroutante, et si elle vient nourrir ses détracteurs dans leur récit d'un déclassement de Bordeaux, lui n'en démord pas :

« Je ne veux pas les apparences du pouvoir. C'est ce qui m'angoisse et c'est ce que Jacques Ellul appelait l'illusion du pouvoir. Je n'ai pas été élu maire pour les apparences. »

Si, avec le temps, on le voit boutonner son col de chemise et y nouer une cravate, il avance toujours sur un fil. Lors d'un déplacement au Japon, en juin 2020, dans la ville de Fukuoka, jumelée avec Bordeaux, il sème le trouble chez ses hôtes. Lors d'une réception où le smoking est de rigueur, il refuse d'en enfiler un.

« D'abord parce que je n'en ai pas. Ensuite parce que je n'aime pas ça. Je suis snob, je trouve que ça fait garçon de café à l'ancienne. J'ai l'esprit flexible à la surface, immobile en profondeur. Je ne veux pas qu'on m'habille. »

Le Basque entend rester autonome. Une règle qu'il s'applique jusque dans son footing hebdomadaire – un semi-marathon – auquel il n'a pas dérogé :

« Le premier samedi où je suis allé courir après l'élection, tout le monde m'a dit : "Il ne faut pas y aller tout seul, il vous faut un accompagnateur !" Il n'en était pas question. J'ai dit non. »

Et ce n'est qu'un début…

6

« VOUS IMAGINEZ LE BORDEL… »

Ce 28 juin 2020, il est un peu plus de 22 heures quand Patrick Bobet, maire du Bouscat et président de Bordeaux Métropole, entre sur le plateau de TV7 – situé dans les locaux du journal *Sud Ouest* – pour réagir en direct à la victoire de Pierre Hurmic. Le médecin a sa tête des mauvais jours. Et pour cause : l'élection de l'écologiste est un coup de tonnerre dont le souffle dépasse Bordeaux.

Durant sa campagne, Pierre Hurmic n'a cessé de marteler ce qu'il répète depuis vingt ans : s'il gagne, il mettra fin à la cogestion.

LA FIN ANNONCÉE DE LA COGESTION

Héritée du duo que composaient Jacques Chaban-Delmas et Michel Sainte-Marie – l'ex-maire PS de Mérignac –, perpétuée par Alain Juppé, Vincent Feltesse et Alain Rousset lorsqu'il était maire de Pessac, cette pratique a vu la gauche et la droite se partager les responsabilités au sein d'une agglomération dont les compétences et le budget n'ont cessé de s'étoffer pour atteindre 1,9 milliard d'euros. Pour Patrick Bobet, l'élection de Pierre Hurmic sonne donc le début de la fin. Et ce n'est pas une vue de l'esprit.

Quelques minutes plus tôt, devant sa permanence bordelaise de la rue des Trois-Conils où ses partisans se sont rassemblés pour fêter sa victoire, le nouveau maire a annoncé la couleur :

« La cogestion est morte. Et si certains ne le savent pas, je ferai tout très rapidement pour leur rappeler. »

Chez les élus de droite de la métropole, la potion est amère. Les équilibres construits depuis soixante ans sont menacés. Or, Patrick Bobet n'entend pas rendre les armes sans combattre. Et à peine installé sur le plateau, il réplique à Pierre Hurmic :

« Je vais appeler Alain Anziani. Nous allons nous parler. »

À cet instant, Alain Anziani, cet historique du PS girondin qui vient d'être réélu à la mairie de Mérignac, est encore l'un de ses vice-présidents. Et surtout un ardent défenseur de la cogestion.

Alors qu'il est en direct, Patrick Bobet l'assume sans fard : s'il peut torpiller le projet de Pierre Hurmic en signant une alliance avec les socialistes, il n'hésitera pas.

Au soir même de l'élection municipale, alors que Bordeaux vient de s'offrir une bascule historique et de tourner la page de vingt-cinq ans d'ère Juppé, en coulisses, c'est donc une autre bataille qui s'engage. Et celle-ci sera révélatrice de la philosophie politique de Pierre Hurmic.

En effet, derrière ce premier round, commencé sur les cendres encore fumantes de la droite et du centre, se dessine la figure de style préférée du nouveau maire : le bras de fer. La suite de son mandat le prouvera : le nouveau locataire du palais Rohan préfère l'attaque à la défense, quitte à casser du bois.

LES RAPPORTS HURMIC-ANZIANI

Mais dans l'immédiat, lui aussi se rapproche du maire de Mérignac, objet de toutes les sollicitations :

« Avec Anziani, on s'appelle très vite. Je lui dis que sur la cogestion, je ne transigerai pas. Ça fait des années que je me bats contre. Je lui dis aussi que si la métropole a basculé à gauche, c'est un peu grâce à moi. »

Seulement, si Pierre Hurmic et Alain Anziani sont tous deux ancrés à gauche, ils n'ont jusque-là fait que se croiser, sans prendre le temps de se connaître. Pourtant, au-delà de la politique, ils partagent un autre point commun : leur métier d'avocat qu'ils commencent dans les années soixante-dix, comme le raconte Alain Anziani :

« Pierre, c'est d'abord un avocat que je croisais au palais de justice. On était tous les deux membres du syndicat des avocats de France. On avait les mêmes valeurs. C'est un avocat respecté. »

Ils se retrouveront vingt ans plus tard, dans une autre enceinte : celle du conseil régional d'Aquitaine. Mais là encore, ils cheminent en parallèle :

« On a été élus en même temps, en 1992. Il n'était pas le plus en vue. La politique ne nous séparait pas, pour une raison simple : nous étions minoritaires. Mais on ne se côtoyait pas tellement. »

Près de trente ans plus tard, Alain Anziani ne le cache pas : c'est bien à la faveur des dernières élections municipales qu'il découvre Pierre Hurmic :

« Quand on avait des négociations avec les Verts, il n'y était pas. Il était hors appareil. »

Surtout, le maire de Mérignac n'aurait pas parié une pièce sur la victoire de l'écologiste :

« On ne croyait pas plus que lui à sa victoire. »

En clair, en ce début d'été 2020, leur relation politique est entièrement à construire. Ce qui n'est pas anodin. En la matière, la confiance ne se décrète pas.

Toutefois, malgré l'hostilité affichée de Pierre Hurmic à la cogestion, Alain Anziani pense encore pouvoir contourner le mur :

« À ce moment-là, je crois qu'on peut y arriver. J'ai l'expérience des Verts à Mérignac et je ne pense pas qu'autant de dogmatisme va nous tomber dessus. Les Verts majoritaires sont très différents des Verts minoritaires. Quand ils sont minoritaires, ils font attention. Le Vert majoritaire se croit tout permis. C'est pour ça que ça a frotté très vite. »

LE JEU POLITIQUE

De fait, c'est une drôle de partie de billard qui va s'engager. Mais avec des issues possibles bien différentes, ainsi que le relate Alain Anziani :

« Je pouvais être président avec la droite ou avec la gauche. Mais il y avait une évolution historique telle qu'on ne pouvait pas faire Bordeaux Métropole sans Bordeaux. »

Et de poursuivre :

« Voyez le tableau : je suis président avec la droite, Patrick Bobet est vice-président et dans l'opposition, nous avons Pierre Hurmic. Vous imaginez le bordel... »

Un bordel majuscule en effet : une coalition gauche-droite avec à sa tête un maire socialiste qui tournerait le dos à celui qui a signé le fait politique majeur de ces vingt-cinq dernières années à Bordeaux. Inimaginable.

Pour autant, Patrick Bobet va au bout de son idée, souligne Alain Anziani :

« Bobet m'appelle les jours suivants. Je dis que je suis favorable à la cogestion. Très tôt, je manifeste l'intention d'être candidat à la présidence. »

Mais dans l'équilibre des forces né de ces élections municipales, les Verts sont plus nombreux que les socialistes, de deux sièges. Et eux aussi vont passer à l'action. En sous-main, ils tentent d'imposer leur candidat à la présidence de la métropole. En l'occurrence : Clément Rossignol-Puech, le maire écologiste de Bègles et successeur de Noël Mamère. La manœuvre s'ébruite et remonte jusqu'aux oreilles d'Anziani :

« Pierre a tenté de convaincre des élus socialistes de voter pour un Vert. Ils ont lancé Clément Rossignol-Puech. Mais Pierre s'est trompé sur la perméabilité de notre majorité socialiste à l'influence des Verts. Il a cru qu'il allait débaucher un certain nombre d'élus socialistes. Notre groupe est resté solide. »

Nicolas Mannant, l'ex-directeur de cabinet de Pierre Hurmic, confirme l'opération :

« On savait que ça ne passerait pas. Pierre avait dit qu'il ne serait pas candidat à la présidence. Mais oui, on a testé leur solidité. »

Alain Anziani ne s'en offusque pas pour autant :

« C'est le jeu politique. Mais après, il ne faut pas nous donner des leçons. »

De son côté, avant d'annoncer sa candidature à la présidence de Bordeaux Métropole, il avait pris soin de tout verrouiller. Les comptes étaient faits.

Cependant, à gauche comme à droite, l'attitude des Verts inquiète. Emmanuel Sallaberry, le maire centriste de Talence, est appelé :

« Des maires de gauche et des communistes m'ont contacté pour éviter une situation de blocage. À la région, le torchon brûlait déjà entre les écologistes et le PS. Et comme les compétences de la région et de la métropole se superposent beaucoup, il y avait de l'inquiétude. Il y a déjà eu des hégémonies de droite et de gauche à la métropole, mais jamais une telle exclusion. »

Et l'épisode a laissé des traces, raconte Emmanuel Sallaberry :

« Depuis, il y a des maires qui ne se disent plus bonjour, qui ne prennent plus l'ascenseur ensemble. »

Preuve de la bonne ambiance qui règne, un élu de droite a même proposé pour leur retour au pouvoir « la création d'une vice-présidence à la vengeance. »

7

« PAS D'OMELETTE AVEC DES ŒUFS DURS »

Entre Pierre Hurmic et Alain Anziani, il n'y a pas de round d'observation. Entre les maires des deux plus importantes villes de la métropole, le combat s'ouvre sans tarder, sans coup de semonce. Pour comprendre Pierre Hurmic, il faut relire Jacques Ellul.

« La démocratie, explique le maire de Bordeaux, c'est assumer les conflictualités pacifiques. La politique, c'est le dissensus, c'est une conflictualité assumée. Personne n'a les mêmes idées. Il faut que de cette conflictualité apaisée sorte une ligne. De Gaulle disait à propos de l'Europe : "On ne fait pas d'omelette avec des œufs durs." »

Il est formel :

« Le consensus est une apoplexie de l'esprit. »

Une grande partie de sa conception de la politique tient dans cette phrase. Pierre Hurmic n'est pas ce qu'on pourrait appeler un florentin, loin de là, mais il sait se montrer stratège. Comme lors de sa campagne municipale, lorsqu'il a habilement rendu invisibles les socialistes et les communistes de sa liste. Or, même chez les plus déterminés, il peut y avoir des brèches.

Pendant les quinze jours de tractations, ballons-sondes et démarchages se succèdent. Mais devant la réticence des socialistes à enterrer la cogestion, Pierre Hurmic fait monter la pression. S'ils n'y renoncent pas, il présentera sa candidature à la présidence de Bordeaux Métropole. Et ce même s'il avait assuré le contraire durant sa campagne.

« J'étais prêt à aller jusqu'au bout, et il était évident que je n'aurais pas été élu. Mais ça aurait fait désordre : Alain Anziani, un président socialiste élu avec les voix de la droite… »

Pierre Hurmic veut la peau de la cogestion. Et il n'en démord pas :

« Ils se sont foutus de ma gueule pendant suffisamment longtemps. Juppé me disait : "Vous êtes contre la cogestion parce que vous n'êtes pas maire." Maintenant, je suis maire. Je suis déterminé, je ne céderai pas. »

Alain Anziani observe. Il sait, lui aussi, que Pierre Hurmic n'a aucune chance d'être élu à la métropole :

« Ça ne change rien, ça n'impressionne personne et je le lui dis. On est dans un rapport de force purement politique ».

DES VICES-PRÉSIDENCES POUR L'OPPOSITION

L'affaire menaçant néanmoins de tourner au vinaigre, Alain Anziani, Pierre Hurmic et toutes les parties concernées de la métropole se donnent rendez-vous le 14 juillet, à la mairie de Bordeaux.

À leur arrivée, il n'y a plus que deux options possibles. Soit Alain Anziani s'entend avec Pierre Hurmic et met un terme à la cogestion – un choix loin de l'ADN politique de l'ancien questeur du Sénat –, soit il pactise avec la droite et fait exploser la gauche avant même qu'elle n'ait commencé à siéger. Et l'image serait désastreuse.

« Cette réunion est essentielle, reconnaît le maire de Mérignac. On se retrouve, on discute. Vient la question du jour : qui peut être président ? L'accord se fait sur mon nom. Ensuite, on regarde le programme qui ne pose pas de difficulté. »

Alain Anziani revient à la charge sur la cogestion et dans une ultime plaidoirie, l'ancien avocat loue les mérites du travail collectif, de l'échange avec les maires de droite :

« J'explique ce que j'en pense. Et Clément Rossignol-Puech [le maire EELV de Bègles] constate lui aussi que ce n'est pas si mal, que ça a un intérêt. On poursuit la discussion. Et on tombe d'accord pour proposer trois ou quatre vice-présidences à la droite. »

Sont-ils en train de retourner Pierre Hurmic ? Cela en a tout l'air. Stéphane Delpeyrat, le nouveau maire de Saint-Médard-en-Jalles, note une inflexion :

« Hurmic dit : "Pourquoi pas…" »

Alain Anziani quitte alors la table. Il téléphone à Patrick Bobet, le maire LR du Bouscat et toujours président de Bordeaux Métropole, pour prendre la température. Respecté par ses pairs, ce gaulliste social est le patron des élus de droite. La proposition du maire de Mérignac reçoit un accueil glacial. Son groupe n'entrera pas dans un processus au rabais :

« Il me dit non et qu'ils ne sont pas là pour faire la manche… Mais ce jour-là, Pierre était d'accord », estime Alain Anziani.

Patrick Bobet confirme :

« Alain Anziani me dit que les discussions sont très dures. Mais je lui réponds qu'on ne demande pas l'aumône. On représente un tiers des élus de la métropole, donc on prend un tiers des vice-présidences. La proposition en l'état n'est pas acceptable. »

Fin de l'histoire ? Pas encore.

LE REFUS DE NICOLAS MANNANT

Tous se laissent une dernière chance. Le lendemain, le 15 juillet, une nouvelle réunion est organisée, mais dans le bureau de Patrick Bobet, à la métropole. Pierre Hurmic est absent. Il s'éternise dans les murs de *Sud Ouest* où il vient de donner une interview. En retard, il envoie au débotté son directeur de cabinet, Nicolas Mannant. Et celui-ci n'est pas exactement connu pour sa souplesse...

Au 14e étage de la tour de Mériadeck, Patrick Bobet, Alain Anziani, Clément Rossignol-Puech et Nicolas Mannant s'installent. L'ambiance est étrange. Les politesses d'usage sont expédiées pour entrer dans le vif du sujet.

Patrick Bobet raconte la scène :

« Alain Anziani revient sur la proposition des trois vice-présidences et là, Nicolas Mannant se lève comme un Zébulon et nous dit : "Pas question, pas question !" J'en tire les conclusions qui s'imposent. Je dis : "Ça suffit." J'ai vu Anziani très emmerdé. Mais il a laissé faire. »

Fin de la négociation.

Nicolas Mannant confirme :

« On ne pouvait pas avoir une sorte de cogestion bis. C'est vrai que Patrick Bobet a été un peu scotché par l'aplomb avec lequel je l'ai dit. On était en position de force. Le fait que la métropole bascule à gauche, c'est quand même le fait bordelais ! Pour nous, c'était une position très importante. »

Cependant, il offre une autre lecture de sa fermeté :

« Dès le début, la position des socialistes était ambiguë. Alain Anziani est un diplomate. Il arrondit les angles. Sa stratégie, c'était de proposer trois ou quatre vice-présidences à la droite pour qu'elle refuse. Mais je n'avais pas confiance. La droite aurait pu accepter. En tout cas, il y avait des élus de droite qui y étaient prêts. »

Ce qui est vrai. Parmi ces rares élus se trouvait Emmanuel Sallaberry, le maire centriste de Talence :

« Je faisais partie de ceux qui pensaient qu'il fallait accepter même trois vice-présidences. Nous devions avoir un accès à l'exécutif. Mais je ne pensais pas qu'il y aurait une telle volonté de nous exclure. »

Or, c'est bien à double tour que Nicolas Mannant ferme la porte de cette éventualité :

« J'étais un peu le tueur du jour… »

Dès lors, les dés sont jetés et la rupture consommée entre le PS et la droite. Cette dernière s'épargne un psychodrame cornélien : trois vice-présidences pour onze maires, c'est le genre d'équation qui pouvait laisser du sang sur les murs.

Alain Anziani, lui, est élu président de Bordeaux Métropole le 28 juillet. Pas une voix des écologistes ne manque. Pierre Hurmic en devient le premier vice-président. Ulcérés, les élus de droite quittent la salle sans même voter.

Dès lors, qui déclarer vainqueur ?

Désormais président de la métropole, Alain Anziani dresse le constat suivant :

« La composante des Verts est très forte à Bordeaux. Mais si Pierre n'a pas la métropole, il est à poil. »

Et pour cause. Comme le rappelle le maire de Mérignac :

« Juppé ne croyait pas que Bordeaux serait un jour à gauche. Donc il a tout mutualisé. C'était le cas avant mais on ne le voyait pas : c'était Juppé qui parlait à Juppé et donnait raison à Juppé. Aujourd'hui, Bordeaux nous demande de payer tel ou tel projet, mais ce n'est pas comme ça que ça marche. »

Il n'empêche, Pierre Hurmic a bien eu la peau de la cogestion, et comme il l'affirme :

« Il n'y a jamais eu de plan B. »

Il le reconnaît :

« C'est un vrai schisme [...] Mais la métropole, ce n'est pas l'addition de vingt-huit égoïsmes municipaux. Je ne veux pas que la métropole soit un club des maires. »

À ses yeux, Bordeaux Métropole ne conjuguait jusque-là que des intérêts particuliers :

« Je pensais qu'on ne ferait pas la transition écologique si on la résumait à une discussion de troc entre maires. La transition écologique suppose une forme de radicalité et celle-ci n'est pas du tout compatible avec la gouvernance passée. Sur le tram : il en faut un à Saint-Médard-en-Jalles parce que le maire en veut un... La politique du tram est une catastrophe ; on a fait le tram des maires alors qu'il faut faire le tram de la métropole... »

ÉPILOGUE

Un mois après l'élection de Pierre Hurmic à la mairie de Bordeaux, la cogestion est donc enterrée, ultime pelletée de terre sur l'œuvre d'Alain Juppé. Cependant, si le nouveau locataire du palais Rohan l'a emporté, son approche a laissé des traces. Les socialistes ne se font déjà plus d'illusion : l'allié écologiste sera un partenaire digne d'un opposant. Et leur majorité de circonstance, un attelage difficile à gouverner. D'autant plus que se profilent à l'horizon de joyeux moments de bravoure... À commencer par les dossiers de la LGV et de la filière aéronautique, de délicieux bonbons pour qui veut défendre la transition environnementale.

Alain Juppé était droit dans ses bottes, Pierre Hurmic est raide dans ses baskets. Et il va le prouver sur un autre terrain, allant jusqu'à provoquer quelques maux de tête jusqu'au plus haut niveau de l'État...

8

« SAPÉS COMME JAMAIS »

À peine installé au palais Rohan, au-delà des affres de la cogestion, un événement attend Pierre Hurmic : l'accueil d'un sommet Afrique-France et d'une cinquantaine de chefs d'État à Bordeaux. Or, le dossier clignote en rouge. Et pour cause. Cette grand-messe, pilotée à distance par l'Élysée, est aussi l'ultime décision prise par Alain Juppé avant qu'il ne rejoigne le Conseil constitutionnel, sous les yeux d'Emmanuel Macron en personne, à Bordeaux, le 1er mars 2019. Or, prévu l'année suivante, soit en juin 2020, ce sommet international a été percuté de plein fouet par la crise du covid. Et un autre élément va, lui aussi, rebattre les cartes : la victoire de Pierre Hurmic aux municipales.

La cellule diplomatique de l'Élysée se manifeste dès son élection. Pierre Hurmic annonce d'emblée à la conseillère Afrique d'Emmanuel Macron qu'il n'entend pas honorer les engagements de son prédécesseur :

« Je suis en direct avec l'Élysée. Je l'ai dit à Marie Audouard : "On ne va pas faire un sommet comme ça, je n'en veux pas." »

Le nouveau maire de Bordeaux est sur une tout autre ligne :

« Je lui propose un sommet avec des intellectuels africains sous l'égide de Sciences Po Bordeaux et son laboratoire Les Afriques dans le monde. Il s'agit de penser de nouvelles relations. Cela suppose de casser les vieux réseaux. Je parle des réseaux France Afrique, incarnés ici à Bordeaux par Pierre de Gaétan Njikam. »

PIERRE DE GAÉTAN NJIKAM

Pierre de Gaétan Njikam, alias « PDG » – surnom hérité de ses années de secrétaire général adjoint de l'UMP Gironde –, est un soutier de la Juppéie. En 2014, l'ex-Premier ministre le nomme adjoint en charge des relations avec l'Afrique et de la francophonie.

Dans le civil, il est à la tête du Fonds Pierre-Castel – Agir avec l'Afrique. Le groupe bordelais, copropriétaire notamment du château Beychevelle, grand cru classé à Saint-Julien, est un géant du marché de la bière en Afrique. PDG est aussi le fondateur et organisateur des Journées nationales des diasporas africaines. C'est donc tout naturellement qu'il s'était vu confier la co-organisation de ce sommet Afrique-France à Bordeaux, aux côtés de la diplomate Stéphanie Rivoal, qui en devient la secrétaire générale. Le thème est arrêté : « Changer les villes pour changer la vie. »

En septembre 2019, Pierre de Gaétan Njikam organise une conférence de presse à Bordeaux où se pressent diplomates, acteurs économiques et politiques des deux continents :

« On demandera aux chefs d'État de prendre des engagements concrets, affirme la secrétaire générale. On veut aussi qu'il y ait de la joie ».

PDG parvient à décrocher un match de l'équipe de France de football face à une sélection africaine. Plus une série de concerts avec quelques stars. Et Stéphanie Rivoal, à la tribune, de reprendre le couplet du tube de Maître Gims :

« Et on y viendra tous sapés comme jamais ! »

L'assemblée se gondole.

Mais avec Pierre Hurmic, fini de rire. Hasard du calendrier, la huitième édition des Journées nationales des diasporas africaines se profile fin septembre 2020 à Bordeaux. Certes, PDG est relégué dans l'opposition municipale. Mais il reste l'hôte et le grand ordonnateur. Ces rencontres mêlent société civile, acteurs économiques, culturels, élus, et proposent un spectacle étonnant : le nouveau maire chaperonné bon gré mal gré par l'ancien adjoint d'Alain Juppé.

TRACTATIONS AVEC L'ÉLYSÉE

À cette occasion, Marie Audouard fait le déplacement. En marge de la manifestation, elle s'entretient longuement avec Pierre Hurmic dans le secret de son bureau. Un sujet unique : l'accueil de ce sommet. L'échange est cordial, mais ça n'avance pas. Lors de la plénière des Journées nationales des diasporas africaines, sous les yeux de la conseillère d'Emmanuel Macron, le maire lance :

« Soutenir des dictateurs corrompus, des présidents à vie, n'est-ce pas donner des leçons à ceux qui les combattent ? À Bordeaux, nous allons fonder de nouvelles relations entre l'Afrique et la France. »

Standing ovation. Une déclaration qui vient confirmer ce que le maire a dit à l'émissaire du président de la République : un sommet oui, mais sans chefs d'État.

Entre la mairie et l'Élysée, la corde se tend mais ne rompt pas. Le second confinement vient donner un peu d'air aux protagonistes. Pierre Hurmic raconte :

« J'ai écrit une lettre à Emmanuel Macron en lui disant que j'étais d'accord pour accueillir un sommet. Parmi mes exigences : qu'Esther Duflo [prix Nobel d'économie 2019] vienne à Bordeaux – j'adhère à ses théories, à sa vision –, et qu'on discute du développement de l'Afrique. On ne le fait pas avec les chefs d'État, on le fait avec les nouvelles élites, des universitaires ».

Il ajoute :

« Cinquante chefs d'État à Bordeaux, ça coûte très cher et on était très sollicités financièrement. Je veux revoir tout le contenu puisque je ne vois pas l'intérêt d'un sommet classique. Par contre, je vois l'intérêt d'un sommet où on discute du fond. Je n'ai pas envie d'être celui qui continue à faire vivre de vieux réseaux, mais le sujet Afrique m'intéresse. »

PDG, de son côté, ne rend pas les armes :

« Un dossier mal géré. Le maire tente de fixer ses conditions. A-t-il songé aux conséquences économiques, politiques ? »

Lui continue à travailler sur un autre front avec Stéphanie Rivoal. Deux canaux de discussion pour la même manifestation. Il y a comme un problème…

À l'Élysée, malgré un maire rétif, on n'abandonne pas l'idée. Pour la présidence, le choix de Bordeaux se justifie pour plusieurs raisons, si l'on en croit cette note :

« Une dimension symbolique : Bordeaux est une ville qui a su revisiter son passé et réinventer sa relation avec le continent africain. Un fort engagement local : c'est une ville et un écosystème qui se sont engagés depuis plusieurs années sur la mobilisation des diasporas (Journées nationales des diasporas africaines) et du renouvellement du partenariat avec l'Afrique (milieu économique et universitaire en particulier). »

Malgré ces désaccords, le sommet est reprogrammé en juillet 2021. Mais curieusement, les stratèges élyséens en revoient le contenu de fond en comble. Ont-ils été sensibles aux arguments du maire de Bordeaux ? Pas sûr. Mais afficher Emmanuel Macron – qui, en toute logique, sera candidat à sa propre succession – entouré d'une pléiade de chefs d'État dont certains s'avèrent peu recommandables n'est peut-être pas la meilleure idée à un an de la présidentielle…

La version 2 du sommet Afrique-France ne ressemble en rien à la première. Exit les chefs d'État, place à la société civile et à la jeunesse. Stéphanie Rivoal revient à Bordeaux au mois d'octobre 2020 pour une nouvelle proposition. La dernière.

Pierre Hurmic la reçoit, écoute, mais réserve sa décision :

« Je vous réponds dans quinze jours. »

Il n'a aucune envie de dérouler le tapis rouge au président de la République. Surtout :

« Je n'entends pas me laisser dicter ma conduite par l'Élysée. »

Sous les ors du palais présidentiel, ça grince :

« Cette attitude a franchement agacé, alors que nous étions pressés, confie une source élyséenne. Si on y ajoute les deux échelles de discussion, celle entre les organisateurs du sommet première version et celle avec un maire écologiste hyperraide, le constat s'impose de lui-même : Bordeaux, c'est le bordel. »

Et au détour d'une phrase dans un entretien paru dans l'hebdomadaire *Jeune Afrique* le 20 novembre 2020, Emmanuel Macron annonce la tenue du sommet… à Montpellier.

« On n'a pas été très loin d'un accord, constate Pierre Hurmic. Mais nos échanges n'ont cessé d'être perturbés par des voix dissonantes ou des initiatives parallèles d'un membre de l'opposition municipale peu en phase avec les nouvelles orientations et peu enclin à renoncer à ses anciennes prérogatives. Cela ne nous a pas empêchés de rester en bons termes avec l'Élysée, et d'envisager une manifestation à Bordeaux avec Esther Duflo. »

Marie Audouard manie elle aussi un registre aussi ouaté que diplomatique dans un grand quotidien du soir :

« Pierre Hurmic était très réceptif. Seulement, à Montpellier, on a senti une vraie volonté, un enthousiasme à l'idée de s'investir dans des partenariats d'avenir avec le continent africain. Notamment le monde de l'enseignement supérieur, de la recherche, l'innovation, l'entreprenariat… »

Au niveau local, l'opposition s'engouffre dans la brèche. PDG s'étrangle :

« Je dénonce l'attitude condescendante de Pierre Hurmic ; les Africains n'attendent pas le maire de Bordeaux pour savoir la marche à suivre. »

De son côté, Stéphanie Rivoal finit par claquer la porte de la galaxie Macron en raison du reformatage du sommet qui s'est tenu à Montpellier en octobre 2021 :

« Je me suis sentie trahie. Emmanuel Macron sera le seul président à ne pas avoir tenu un sommet Afrique-France. Montpellier, ce n'était pas un sommet, il n'y avait pas de chefs d'État », explique-t-elle à *Sud Ouest*. Elle a tenté de se présenter à la présidentielle, sans succès. Parmi ses soutiens en Gironde, un certain Pierre de Gaétan Njikam.

CONSÉQUENCES

« L'affaire » est remise sur le tapis lors d'interminables débats en conseils municipaux, à la métropole mais aussi au palais de la Bourse, le siège de la CCI qui pilote le volet économique du sommet. 400 entreprises étant attendues, Patrick Seguin, son président, est aussi sollicité par l'Élysée :

« Je reçois un appel de l'adjoint d'Alexis Koehler, le secrétaire général de l'Élysée. Il m'explique que le maire de Bordeaux pose des conditions inacceptables : pas de dictateurs, la question du bilan carbone… Je comprends qu'on compte sur moi pour jouer les médiateurs. »

Patrick Seguin s'y emploie :

« Je vais voir Pierre Hurmic pour lui dire qu'il faut se décider. Et comme souvent, je trouve un maire droit dans ses bottes. Il défend ses principes. Je fais valoir mes positions : c'est une erreur d'avoir laissé l'Élysée sans réponse. Mais il est difficile de dire si c'est de sa faute. Je crois surtout que les chicayas bordelaises n'ont pas aidé, et ont peut-être même servi de prétexte. L'Élysée travaillait déjà la piste de Montpellier et de son maire socialiste, probablement plus "manœuvrable". »

Cependant, le président de la CCI de Gironde ne cache pas son amertume :

« J'étais fâché quand on a appris l'annulation de Bordeaux. À la chambre, nous avions engagé des frais : 90 000 euros. J'ai moi-même été porter la facture à la mairie… J'attends toujours. Elle n'a jamais été payée. »

Pierre Hurmic, qui n'a de cesse de promouvoir une ville apaisée, montre un talent consommé dans l'art de déclencher des bourrasques. De celles qui laissent des arbres morts dans leur sillage…

9

« L'AN PROCHAIN, ON METTRA DU DISNEY »

Deux mois ont passé depuis la victoire de Pierre Hurmic aux municipales. Deux mois au cours desquels le successeur de Nicolas Florian et d'Alain Juppé a marqué son territoire. Il a eu la peau de la cogestion à la métropole et renvoyé la droite à un rôle d'opposant. Si le macronisme entend dépasser les clivages, l'écologiste lui défend une ligne bloc contre bloc.

L'été 2020 touche à sa fin, l'heure a sonné pour le nouveau maire de Bordeaux de s'affirmer au grand jour. Dévoiler les axes de son action. Traduire dans les faits son programme et son ambition pour faire de la ville non pas un laboratoire, mais une ambassade de l'écologie politique. Un jardin florissant qui, le moment venu et à condition que la réussite soit là, pourrait appuyer un ou une candidate écologiste à l'élection présidentielle. Une preuve par l'exemple.

Rendez-vous est donc pris le jeudi 10 septembre pour sa conférence de rentrée au palais Rohan. Sa première.

Au rez-de-chaussée, dans le salon d'honneur de la mairie, la presse a largement répondu présent. Comme à Lyon, Poitiers ou Strasbourg, villes remportées par les écologistes. Les « petits nouveaux » suscitent la curiosité. Bordeaux n'y échappe pas, d'autant moins que la ville n'a pas connu l'alternance pendant plus de soixante-dix ans.

Ce jour-là, Pierre Hurmic est entouré de ses adjoints. Mais avant même de dévoiler ses annonces, le maire prend le temps de répondre à ses détracteurs, preuve que les plaies de l'élection municipale sont loin d'être cicatrisées. Le matin même, dans *Sud Ouest*, Nicolas Florian, l'ancien maire et grand perdant des municipales, se lâche sur la nouvelle majorité :

« Je me doutais qu'ils ne feraient rien, je ne suis pas déçu. Où sont-ils, que font-ils ? À part décréter l'urgence climatique qui se traduit par l'installation de plantes en pot, comme je l'avais fait et ce pour quoi j'avais été moqué, nous n'avons rien vu. Par contre, le maire nous explique ce qu'il ne fera pas. »

Au point de croix, Nicolas Florian préfère l'artillerie lourde. Ces propos de « dentelle », Pierre Hurmic les rumine depuis qu'il les a lus.

Agacé, il réplique :

« Quinze jours après l'élection, mes adversaires me reprochaient de n'avoir rien fait. Quinze jours après… »

Et de poursuivre, livrant son interprétation de ces attaques sous la forme d'une pirouette :

« Sous-entendu : vous n'avez pas réussi à faire en quinze jours ni en un mois ce que nous n'avons pas réussi à faire en vingt-cinq ans… »

Passée cette mise au point, le maire enchaîne avec ses priorités pour les prochains mois, dessinant les premiers contours de son mandat : mobilité, végétalisation, urbanisme, sécurité. À la clé, il promet des « mesures concrètes » et « précises ». Il annonce ainsi un plan vélo avec trente kilomètres cyclables supplémentaires d'ici fin 2020, 500 nouvelles places réservées aux vélos ou encore 20 box à vélos.

Puis vient le chapitre de la végétalisation. Sur ce point aussi, il entend changer de méthode : un inventaire est en cours pour identifier tous les endroits où la végétalisation est possible. À commencer par la place Pey-Berland. Rien de surprenant, donc.

Sauf qu'après vingt minutes de présentation, Pierre Hurmic sort soudainement des sentiers balisés de son discours et s'aventure sur un tout autre terrain :

« Un mot sur l'arbre mort de Noël de la place Pey-Berland », lance-t-il. Et d'enchaîner, sûr de lui : « Nous ne mettrons pas des arbres morts sur les places de la ville, notamment sur la place Pey-Berland. Ce n'est pas du tout notre conception de la végétalisation. Le coût de cette opération était particulièrement onéreux. Nous ferons à la place du spectacle vivant et le budget économisé financera aussi une aide aux commerçants et aux associations caritatives. »

LA DÉFLAGRATION

Pierre Hurmic ne le sait pas encore mais cette parenthèse arborée d'à peine trente secondes va, dans les heures qui suivent, lui offrir sa première tempête médiatique. Et balayer instantanément l'ensemble de ses annonces, y compris celles sur la sécurité. Et elles n'étaient pas minces, pour répondre à l'envol des agressions et des faits de violences : mise en place d'un groupe local de traitement de la délinquance à Saint-Michel, convocation d'un conseil local de la sécurité et de la délinquance, recrutement de policiers municipaux, création d'une brigade canine avec des maîtres-chiens, d'une brigade à vélo… Il annonce aussi un courrier à venir à destination de Gérald Darmanin, le ministre de l'Intérieur, lui demandant le retour d'une brigade de CRS…

Mais rien n'y fait. Dans les heures qui suivent ce point presse, un sujet enflamme les réseaux sociaux : « l'arbre mort de Noël » de Bordeaux. Mais qui est ce maire écologiste qui n'aime pas les sapins de Noël ?

Le lendemain, Xavier Bertrand, le président LR des Hauts-de-France, qui a déjà la présidentielle dans un coin de la tête, y va de son commentaire. Sur Twitter, il assène :

« Appelez-moi vieux monde si vous voulez mais le sapin de Noël, le Tour de France[1] et toutes ces traditions qui nous unissent seront toujours le ciment d'une société. »

Pierre Hurmic tente vainement de s'expliquer sur LCI : « Il n'y aura pas cet arbre de Noël mais il y aura beaucoup mieux. Nous voulons animer cette place, ce n'est pas une politique anti sapin de Noël, il ne faut pas sombrer dans la caricature. »

Il poursuit :

« On a quand même le droit quand on est maire d'une ville de choisir un type d'animation un peu plus vivant [...] plutôt que de faire venir à grands frais un arbre coupé. On veut donner un aspect plus convivial, plus moderne à cette place et je pense que 365 jours par an, et notamment pendant les deux mois de canicule qu'on a à Bordeaux, les habitants seront contents de profiter des arbres sous lesquels ils pourront avoir une certaine fraîcheur. »

Il a beau se justifier, il est inaudible. Emporté par le buzz. Une pétition voit même le jour pour réclamer le retour du sapin de Noël. Pierre Hurmic se montre inflexible et demande, à propos des signataires :

1. Allusion à la récente polémique déclenchée par les propos de Grégory Doucet, nouveau maire de Lyon issu lui aussi de la vague verte, qualifiant le Tour de France de « machiste » et « polluant ».

« Qui sont-ils ? Où habitent-ils ? Lyon ? Toulouse ? Combien sont bordelais ? Par qui sont-ils manipulés ? Céder à cette agitation n'est pas ma façon de concevoir la politique municipale. Cela ne me fera pas changer de position et ne modifiera pas mes choix. »

Les critiques des fournisseurs de sapins ne l'influenceront pas non plus :

« Cet arbre coûte cher. Il mobilise un convoi exceptionnel, trois nacelles, une grue de trente tonnes, douze agents pendant quatre nuits pour l'installer, une surveillance permanente. Ce sapin géant n'est plus adapté aux conditions climatiques actuelles. L'année dernière, il s'est écroulé, balayé par une tempête, et a dû être tronçonné sur place. Il y aurait pu y avoir des blessés. Je ne veux pas reprendre ce risque cette année. »

DE LA CARICATURE AUX MENACES DE MORT

Le 24 septembre, Pierre Hurmic est l'invité de l'émission *Vous avez la parole* sur France 2, consacrée à la sécurité, en direct de Grenoble. Pour lui, c'est une première. Surtout, il a face à lui le nouveau Premier ministre, Jean Castex, et Robert Ménard, le maire de Bézier proche de Marine Le Pen.

Juste avant de conclure, Thomas Sotto – qui anime ce débat avec Léa Salamé – revient sur le sujet de l'arbre mort et interroge Jean Castex. Mais avant que le locataire de Matignon ne réponde, Pierre Hurmic lui rappelle les faits : « Un sapin qui a traversé la France pour 60 000 euros… »

En vain. Jean Castex moque les explications « un peu ampoulées du maire de Bordeaux » et conclut :

« Je me suis dit, à Bordeaux, peut-être que vous allez interdire les matchs de foot et de rugby pour ne pas abîmer la pelouse… »

Riposte de Pierre Hurmic :

« Vous nous aviez habitués à mieux que cette caricature… »

Robert Ménard croit bon d'ajouter :

« À Béziers, il y a un sapin et une crèche… »

Un an plus tard, dans son bureau de la mairie de Bordeaux, Pierre Hurmic n'a toujours pas digéré :

« Manifestement il savait que cette question idiote allait être posée, moi pas. J'ai trouvé ça particulièrement déloyal et je leur ai dit. On venait de faire une heure de débat sur la sécurité. »

L'affaire l'a marqué :

« L'expression "arbre mort" a mis le feu aux poudres. C'était disproportionné et sur le coup, je n'ai pas compris, j'ai eu tous les médias. »

On l'interpelle aussi dans la rue :

« Une dame me dit : "Ma cousine habite Shanghaï, elle a entendu parler de vous…" Les gens me chantaient *Mon beau sapin*, j'ai reçu des lettres de menaces. On n'avait pas de stratégie. On a lâché les réseaux sociaux, ça devenait impossible. »

Ses propos lui vaudront en effet des menaces de mort :

« J'ai une femme et des enfants, là je me suis dit : ils font chier… J'en ai beaucoup voulu aux LR qui ont relayé… »

Pierre Hurmic maintient qu'il avait préparé cette conférence « sérieusement » :

« C'était ma première conférence de presse, ma première rentrée, la cogestion était enterrée. J'étais un peu soulagé. »

Néanmoins, il le reconnaît :

« Avec le temps, parler d'arbre mort pour un sapin de Noël, c'était une maladresse. »

Mais ajoute-t-il :

« Il y avait de la spontanéité. Il en faut. Et sur le moment ça ne choque personne, aucun journaliste ne me questionne dessus. C'est la fachosphère qui l'a sorti en premier. »

Si cette polémique reste un des événements de son début de mandat, Pierre Hurmic l'assure :

« Je ne suis pas à l'abri d'un autre sapin. Si c'était un maire RN qu'il l'avait dit, personne n'aurait réagi. Les maires écolos, nous étions dans le collimateur. »

Malgré les moqueries, les menaces et les attaques politiques, Pierre Hurmic n'a rien lâché. En décembre 2020, à l'approche de Noël, nul sapin ne domine la place Pey-Berland. À la place, la mairie diffuse un mapping vidéo pour animer les façades de la cathédrale Saint-André. Problèmes techniques, météorologiques ; rien ne marche. Et quand cela fonctionne enfin, le contenu est jugé idiot.

« L'année prochaine, on mettra du Disney », lâche-t-il agacé lors de la première.

Un an plus tard, en 2021, alors que la crise du covid s'éloigne, Pierre Hurmic commande un sapin de verre, haut de onze mètres, au designer Arnaud Lapierre. Réutilisable, il permettra de changer, chaque année, la scénographie lumineuse qui accompagne l'œuvre. Coût de l'opération : 130 000 euros qui seront amortis sur cinq ans. Le sapin mort des années précédentes coûtait 60 000 euros par an, soit 300 000 euros sur cinq ans.

L'épisode l'a montré : le maire de Bordeaux peut encaisser les coups, mais il sait aussi et surtout les provoquer.

10

« IL COMMENCE BIEN, CELUI-LÀ… »

L'affaire du sapin l'a montré : chaque pas, chaque phrase du maire écologiste sont méticuleusement auscultés pour tenter d'y déceler quelques inclinaisons. Coupables, de préférence.

« Moi, comme toute la promotion de maires écologistes aux commandes, on nous affuble d'a priori. Et on nous attend avec des fusils. Les choses vont mieux une fois qu'on l'a compris », résume Pierre Hurmic.

Cependant, si en surface les aiguilles du sapin lui ont offert une couronne médiatique sur mesure, un épisode autrement plus délicat que cette polémique va provoquer des secousses… jusqu'au Moyen-Orient. Et révéler une autre facette du nouveau maire, plus intime.

Voici le contexte. Janvier 2022, la municipalité réunit la commission « Mémoires et lutte contre le racisme et l'antisémitisme », créée durant le dernier mandat d'Alain Juppé. Le dossier est piloté par l'un des adjoints de Pierre Hurmic, le communiste Olivier Escots. En plus des associations historiques – SOS Racisme, CRIF, etc. –, ce dernier entend l'ouvrir à d'« autres personnalités ». Et parmi les nouvelles têtes émerge un certain André Rosevègue, responsable girondin de l'UJFP[1]. Une association antisioniste, membre du collectif Palestine, proche du Nouveau parti anticapitaliste de Philippe Poutou. Dès la première réunion, André Rosevègue se distingue en formulant cette demande : que le terme « antisémitisme » soit supprimé de l'intitulé de la commission, considérant qu'il s'agit d'un racisme comme les autres.

À ce stade, il convient de rappeler le point suivant : le site internet de l'UJFP venait juste de se faire remarquer pour avoir hébergé une tribune d'Houria Bouteldja concernant April Benayoum. Cette dernière venait d'être sacrée première dauphine du concours Miss France, et se retrouvait victime d'attaques antisémites sur les réseaux sociaux après avoir révélé que son père était d'origine israélienne. Or, le texte d'Houria Bouteldja avait été retiré du site de Mediapart après avoir été qualifié d'antisémite par bon nombre de personnalités politiques et médiatiques. Tout ceci n'avait

1. Union juive française pour la paix.

pas échappé aux représentants du CRIF et de la LICRA[1].

VAGUE D'INDIGNATION

Dès lors, la demande d'André Rosevègue indigne l'assistance. Et la réunion tourne au vinaigre, ainsi que le raconte Albert Massiah, le président du CRIF Nouvelle-Aquitaine :

« On peut comprendre que, pour des raisons politiques, on modifie la liste des membres, mais il n'y a eu ni concertation ni discussions en amont. On a découvert les nouveaux invités en arrivant à la réunion. Ça ne pouvait pas bien se passer. »

Dès la fin de la réunion, Sarah Bromberg, la présidente de la LICRA 33, attaque sur les réseaux sociaux :

« La LICRA ne sera pas assise à la même table qu'une association extrémiste. »

Son commentaire est abondement relayé, notamment par l'opposition municipale. Le groupe Bordeaux Ensemble s'émeut :

1. Dans ce texte d'Houria Bouteldja, une expression met le feu aux poudres : « On ne peut pas être Israélien innocemment. » Si l'auteure cherchait à dire, semble-t-il, qu'on ne peut pas être Israélien sans se prononcer sur la politique expansionniste israélienne, les mots sonnent comme une accusation essentialiste et font l'effet d'une bombe. Cette tribune, intitulée « L'anti-tatarisme des Palestiniens (et des banlieues) n'existe pas – À propos de Miss Provence et de l'antisémitisme (le vrai) », est à ce jour en ligne sur le site de l'UJFP. Par ailleurs, Mediapart conteste toujours son caractère antisémite.

« Nous nous étonnons de la manière dont sont choisis les partenaires de la ville pour ce plan de lutte contre le racisme et l'antisémitisme. Comment peut-on y convier une association qui se revendique comme antisioniste[1] et se mettre à dos la principale association française de lutte contre le racisme et l'antisémitisme ? »

Voilà Pierre Hurmic rattrapé par une nouvelle polémique. Et l'affaire est d'autant plus sensible que se profile la commémoration des rafles du 10 janvier 1944, lorsque quatre cents Juifs de Bordeaux, Libourne, Arcachon, Bayonne et Pau ont été enfermés dans la grande synagogue de Bordeaux transformée en prison avant d'être déportés à Drancy, puis Auschwitz. L'émotion est vive.

Pierre Hurmic s'appuie alors sur Albert Massiah, homme d'influence des années Chaban, à la tête du CRIF :

« Je connais Pierre Hurmic, il n'est pas antisémite. Je m'emploie à calmer le jeu. Le CRIF Paris veut réagir, je leur demande de temporiser, de nous laisser travailler. C'est une connerie, mais un mauvais procès contre le maire. »

Au même moment, la presse d'extrême droite israélienne se saisit de l'affaire, brossant le portrait d'un Pierre Hurmic sous les traits d'un « islamo-

1. Depuis 2019, une loi élargit la définition de l'antisémitisme à l'antisionisme.

gauchiste ». Dans l'urgence, les contours de la commission sont revus. Et la mairie exige de chaque membre de signer une charte qui, de fait, exclura les plus extrémistes... dont l'UJFP.

MISE AU POINT

Arrive donc la cérémonie du 10 janvier.

« J'y assiste chaque année depuis que j'ai été élu en 1995 », explique Pierre Hurmic.

Il s'y présente en avance. Flanqué de son adjoint pour un aparté avec les représentants de la communauté juive. Olivier Escots tente de se justifier, mais c'est Pierre Hurmic qui met les choses au point :

« Je le coupe et je lui dis : "Tu représentes le maire de Bordeaux. Le maire de Bordeaux n'est pas sur cette position-là." »

Le maire pose là le premier acte d'autorité envers un membre de sa majorité plurielle :

« C'est un recadrage. Il y a des choses sur lesquelles je ne transige pas. La lutte contre l'antisémistisme, c'est un vrai combat. Je ne supporterai pas qu'on puisse me taxer de complaisance envers des thèses qui circulent banalisant l'antisémistisme. Ce n'est pas le sapin, là, c'est sérieux. Je ne veux aucune complaisance avec des gens qui participent à des manifestations où se tiennent des propos antisémites. Je n'y suis d'ailleurs jamais allé, à l'inverse d'autres écologistes. »

DISCOURS À LA SYNAGOGUE

Cette ligne, il l'avait affirmée lors de son tout premier discours de maire à la synagogue. Un événement qu'il n'a pas oublié. Et pour cause. Il venait d'être élu. Son cabinet l'informe alors qu'il est attendu à une cérémonie à la synagogue à 18 h 30. La consigne est limpide : il y reste une demi-heure, serre quelques mains et repart. Il arrive donc à l'heure dite, mais…

« Je trouve une synagogue archipleine, avec toutes les autorités. Je comprends très vite que la cérémonie religieuse a en fait été retardée pour m'attendre. J'ai trente minutes de retard… À peine arrivé, on me prend par le bras et on me dit : "Monsieur le maire, vous avez la parole…" Je n'avais rien préparé ! »

Entre sa place et le pupitre, il réfléchit à un discours :

« Je les voyais tous avec leurs notes. Heureusement, je m'intéresse au sujet. J'ai cité Frantz Fanon : "Quand vous entendez dire du mal des Juifs, dressez l'oreille, on parle de vous." J'ai improvisé un discours à la synagogue, j'ai vraiment pétoché. Je voyais bien que la préfète, Alain Rousset et Jean-Luc Gleyze m'en voulaient. Et pour cause : trente minutes de retard ! Ils se sont dit : "Il commence bien celui-là." Je m'en suis sorti comme je pouvais, tout le monde a été très sympa à l'issue. Mais j'étais très en colère. La foi, la spiritualité, ce sont des questions essentielles pour moi. »

Pierre Hurmic n'entre donc pas dans les cases dans lesquelles ses adversaires tentent de le ranger. Ni islamo-gauchiste, ni antinoël. Au contraire, il clame haut et fort son catholicisme. À tel point que Nicolas Mannant, son ami et ex-directeur de campagne, l'a affublé du sobriquet abondement repris : « Le catho basque. »

Et ce n'est pas un cas isolé chez les écologistes, à l'image de la maire de Poitiers Léonore Moncond'huy qui reconnaît la place importante du scoutisme protestant dans sa vie. Ou d'un Éric Piolle, le maire de Grenoble, non croyant mais présent à la messe du dimanche aux côtés de sa femme catholique. L'ancienne ministre du Logement et de l'Égalité des territoires Cécile Duflot a, elle, fait un passage formateur à la Jeunesse ouvrière chrétienne. Quant à Noël Mamère, l'ancien député-maire de Bègles, il a souligné l'influence majeure des théologiens protestants dont Jacques Ellul, le maître à penser du maire de Bordeaux.

LE CATHOLIQUE SOCIAL

Concernant son agenda, Pierre Hurmic a deux exigences : deux heures de libre le samedi matin pour courir son semi-marathon hebdomadaire. Et deux heures le dimanche pour aller à la messe à la basilique Saint-Michel :

« Une indispensable pause spirituelle. »

Alors, catho de gauche Pierre Hurmic ? « Social », corrige-t-il.

« Ma relation avec le catholicisme social est familiale. Ma mère, issue d'une famille très catholique du Pays basque, avait un cousin prêtre-ouvrier. C'était un homme très courageux pour qui j'avais beaucoup d'admiration. À la fin des années soixante, il a eu le courage de franchir ce pas et cela correspondait tout à fait à ma vision de l'Église et du rôle du prêtre. »

La croix du Christ est une autre référence, un symbole lourd de sens, qui l'accompagne :

« La dimension verticale indique le salut des âmes, l'ouverture à la transcendance, et la dimension horizontale exprime l'engagement concret dans le quotidien, la proximité avec les personnes. Le centre de la croix représente un point d'équilibre que peu d'entre nous arrivent à tenir. »

Toutefois, la spiritualité du maire de Bordeaux ne vient pas de son passage à l'institution religieuse Saint-Louis-de-Gonzague à Bayonne. Sa découverte a été plus tardive :

« L'enseignement catholique de l'époque était marqué par un fort autoritarisme qui a conduit bon nombre de jeunes qui y sont passés à s'éloigner de l'Église et de la foi. Cela a été mon cas vers la fin de mes études secondaires. Cela dit, je me demande si je peux dire honnêtement que j'avais la foi avant cela. Il m'a fallu attendre l'âge adulte pour, grâce à la lecture de la Bible qui m'avait été enseignée de manière infantile, la retrouver, ou simplement la trouver. »

Mais même sur ce chemin, Pierre Hurmic choisit un itinéraire singulier :

« D'une certaine façon, c'est l'esprit de contradiction qui m'a fait retrouver la foi. À l'époque, je fréquentais des milieux très agnostiques, ce qui, par réaction, m'a incité à approfondir la religion dans laquelle j'avais été élevé. Je me suis donc mis à lire la Bible et quelques auteurs chrétiens, en particulier Charles Péguy, qui m'ont réconcilié avec la foi. Je suis très marqué par cet écrivain, dont la lecture a été une vraie découverte. Je retiens de lui une expression qui me correspond tout à fait : "La foi, c'est vingt-quatre heures de doute moins une minute d'espérance." »

Pierre Hurmic l'assure :

« J'aime beaucoup cette minute d'espérance. La foi n'est pas de l'ordre de la certitude, mais de la quête incessante, de la recherche permanente. »

11

« ON A CRAMÉ LA CAISSE »

« Dès que j'arrive aux affaires, on me dit : “Vous avez le bordel.” Je n'avais pas imaginé un seul instant l'ampleur de la situation… »

Et pour cause. L'affaire du Crédit municipal pourrait presque prêter à rire. Entre 2016 et 2020, celle que l'on surnomme « la banque des pauvres » a mené grand train, au point de se retrouver au bord du gouffre. Et de voir son pronostic vital engagé. Longtemps, « ma tante » vivait sa vie dans l'indifférence totale de sa tutelle : la mairie de Bordeaux.

L'affaire éclate à quelques mois des élections municipales de 2020, dans *Sud Ouest*[1]. Le quotidien dresse le tableau d'un bateau ivre lancé à tom-

1. « Chantal Goya, princesse persane… à Bordeaux, les prêts hallucinants du Crédit municipal », par Xavier Sota et Jean-Michel Desplos le 28 novembre 2019. Article à retrouver sur sudouest.fr.

beau ouvert dans une « gestion aventureuse », formule empruntée au gendarme des banques.

Le dossier anime mollement la campagne électorale. Il est vrai que la financière et la chambre régionale des comptes ne sont pas au bout de leurs investigations – ni de leurs surprises d'ailleurs. Mais une fois l'élection passée, le Crédit municipal s'impose comme « la priorité des priorités ».

Le sujet est géré en cercle restreint. À la manœuvre, Denis Congiu, le dircab, et Claudine Bichet, l'adjointe aux finances. Ancienne directrice du contrôle de gestion chez SFR puis chez Cdiscount, elle est dans sa zone d'expertise. À ceci près que le naufrage en cours cache, sous le tapis, une bombe à retardement :

« C'est un héritage lourd, explique Pierre Hurmic. Sur ce sujet, mon opposition pourrait avoir la décence de se taire. Parfois, on récolte ce qui a été semé par nos prédécesseurs… Si on ne s'était pas battus, j'aurais été tenu pour responsable : "Les écolos coulent la banque des pauvres !" »

UNE NOUVELLE CLIENTÈLE POUR UN OPEN BAR

Le Crédit municipal est un objet hybride dans le paysage bancaire : un établissement de crédit pour particuliers et de prêteur sur gages encore appelé « le clou ». Un amortisseur social pour les plus fragiles. La valeur moyenne des gages à Bordeaux est de 600 euros. Dans ses statuts, la banque a également un volet social et solidaire: lutter contre l'exclusion financière et permettre aux plus fragiles d'avoir accès au crédit. Une définition de la fragilité qui a sans doute échappé à l'équipe installée par l'ancienne municipalité en 2016.

Pour attirer une clientèle plus aisée, la banque déploie en effet une curieuse stratégie: des « prêts sur gage à haute valeur » et des prêts patrimoniaux adossés à des biens immobiliers ou à des droits d'auteur Sacem. Et c'est ainsi que l'on trouve, dans les méandres de ce délicieux dossier, le couple formé par Chantal Goya et Jean-Jacques Debout. Ayant essuyé un refus de la part de tous les établissements bancaires, le duo parvient à emprunter 2,2 millions d'euros au Crédit municipal de Bordeaux, sur la base de ses ventes de disques... Et ce ne sont pas les seules vedettes. Le chanteur Michel Delpech, aujourd'hui disparu, a lui aussi eu recours au service de « ma tante ». Des prêts qui représentent 5,7 millions d'en-cours.

De quoi faire s'étrangler les magistrats financiers, qui relèveront:

« L'incapacité des clients à rembourser le capital à l'échéance est une hypothèse vraisemblable à la lumière de leurs revenus et de la valeur des créances cédées qui ne représentent, au mieux, qu'un cinquième du capital emprunté, et au pire un seizième. »

Le Crédit municipal de Bordeaux devient une sorte d'open bar, certes pour une clientèle triée sur le volet. À leur encontre, les procédures de contrôles sont au mieux lacunaires, au pire quasi inexistantes : absence de justificatifs de revenus, de fiches ISF, d'analyse du risque… pour des sommes versées sur des comptes en Suisse ou au Luxembourg. En oubliant au passage les signalements – pourtant obligatoires – à Tracfin en cas de doute.

C'est un florilège. À l'image de cette jeune femme de 22 ans, sans emploi, qui obtient 1,7 million sur trois ans, adossé à une discothèque. Ou ce couple qui emprunte un peu plus d'un million d'euros alors que les époux auraient eu respectivement 97 et 100 ans à l'échéance. Ou bien cette princesse persane, débitrice de 750 000 euros, dont les gages ne représentent que la moitié de la somme. Dans un autre dossier encore, c'est la police judiciaire qui s'interroge sur l'origine nébuleuse de… diamants.

C'est ainsi que nombre de candidats douteux viennent toquer à la porte de la « banque des pauvres ». La chambre régionale des comptes a listé une véritable collection de gages gaguesques que le Crédit était sur le point d'accepter. Certains ont été bloqués in extremis par une commissaire-priseuse suppléante – à l'instar de ces statuettes en argent attribuées à Dali et que le candidat emprunteur estimait à 50 millions d'euros ; de ce tableau non répertorié attribué à Picasso ; d'une autre toile supposément du Caravage ; de cette Ferrari stationnée dans un garage aux États-Unis. Cette dernière se voyait obtenir un un avis favorable de la direction, sur la foi de photographies d'un véhicule entièrement démonté...

UNE GÉNÉROSITÉ SÉLECTIVE

Un seul de ces dossiers aurait pu sonner le glas de la banque. Mieux, l'ancienne direction envisage aussi de placer une partie de sa trésorerie dans deux fonds luxembourgeois. Et elle ne mégote pas. En juillet 2019, le Crédit municipal acquiert une maison de 750 000 euros dans le centre de Bordeaux pour proposer un logement de fonction au directeur général. Un second logement est attribué au directeur général adjoint « par nécessité absolue de service », alors que seul le directeur général peut y prétendre. La politique salariale est prodigue... au seul bénéfice de l'encadrement. Entre 2016 et 2019, la secrétaire générale a vu sa rémunération augmenter de 43 % pour atteindre 7 272 euros brut mensuels. Le directeur adjoint voit son salaire bondir de 64 % et passe de 6 145 euros à 10 103 euros mensuels.

REDRESSER LA BARRE

Depuis 2020, le quotidien de la centaine de salariés est rythmé par les perquisitions et les multiples contrôles opérés par la chambre régionale des comptes ou l'autorité bancaire. Cette dernière met le nouveau maire de Bordeaux Pierre Hurmic sous pression :

« Ils ont exigé que je fasse une formation en droit bancaire. En me disant : "Votre prédécesseur a été totalement défaillant, on veut un président présent." J'ai dit oui à tout. Ils m'auraient demandé de faire du saut à la corde, je l'aurais fait. »

Pendant plusieurs semaines Pierre Hurmic bloque quelques heures dans son agenda.

« J'ai suivi une formation en visio avec un professeur de finances qui m'a appris les mécanismes de la gestion bancaire. Étudiant, je travaillais tous les étés dans une banque à Bayonne, mais pour être sincère, ça n'a servi à rien ! Honnêtement, je n'y connaissais pas grand-chose. »

Magistrats financiers, autorités bancaires, police judiciaire, tous parviennent à ce même constat : la tutelle s'est révélée défaillante. Le conseil d'orientation et de surveillance, présidé par le maire, n'a pas rempli son rôle. Les élus de l'ancienne majorité, comme ceux de l'opposition qui y siégeaient, sont aux abonnés absents. Entre 2014 et 2020, les deux maires successifs Alain Juppé et Nicolas Florian n'y ont siégé qu'une seule fois chacun.

« Impardonnable, cingle Pierre Hurmic. Défaillance technique, défaillance politique. Le pire en politique, c'est le dilettantisme. »

En parallèle de son initiation aux mécanismes bancaires, il fait le ménage dans la direction du Crédit municipal :

« Je connaissais le directeur, un fonctionnaire municipal que j'appréciais quand je siégeais dans l'opposition. En arrivant, je ne me suis pas lancé dans une chasse aux sorcières. Là, c'était différent. Je le convoque et lui dis : "Il faut partir. Le plus tôt sera le mieux." Il ne comprenait pas. Il a fini par l'admettre et l'a fait aussitôt. »

RÉSULTAT DES COURSES

Au mois de mai 2021, face à la commission des sanctions de l'Autorité de contrôle prudentiel et de résolution, le gendarme des banques, Claudine Bichet, l'adjointe aux finances, marche sur un fil. Comptable de la situation mais étrangère à la descente aux enfers, elle n'a d'autre choix que de demander l'indulgence. Message reçu. C'est une sanction a minima : un blâme et 160 000 euros d'amende, là où l'Autorité aurait pu retirer l'agrément bancaire de l'établissement bordelais. Ouf de soulagement au palais Rohan. Mais la situation reste épineuse.

Sur les 24,6 millions de crédits à haut risque accordés par le Crédit municipal de Bordeaux, 9,7 millions ne seront jamais remboursés.

Quelques années plus tôt, le Crédit municipal dégageait plus d'un million d'euros de revenus par an, dont 40 % étaient fléchés vers le Centre communal d'action sociale. Mais en 2019, la banque des pauvres affichait moins 34 000 euros et un déficit de 690 000 euros estimé pour l'exercice 2020. Le retour à l'équilibre n'est pas prévu d'ici la fin du mandat de Pierre Hurmic.

Si le Crédit municipal a échappé au couperet, son avenir est encore fragile. Et ce d'autant plus qu'il dispose de dix filiales implantées partout sur le territoire français. C'est le modèle même du clou qui est en jeu.

CONSÉQUENCES POLITIQUES

Évidemment, le sujet est l'invité récurrent du débat politique local. Chaque rapport est présenté au conseil municipal. Sur les bancs de l'ancienne majorité, on ne se bouscule pas pour intervenir sur le sujet. Lors du dernier épisode, Claudine Bichet fait part des difficultés de l'établissement :

« La situation est délicate, les réserves épuisées, nous les avons utilisées pour éponger un résultat négatif de 8 millions d'euros. La reprise se fait attendre, la machine commerciale est endommagée par le détournement des activités antérieures. On a vraiment cramé la caisse. »

Nicolas Florian, le prédécesseur de Pierre Hurmic et ancien adjoint aux finances d'Alain Juppé, répond :

« Il n'y a pas lieu de crier à la faillite. L'établissement est fragile, mais c'est aussi la gouvernance de début 2020 [la sienne] qui aura permis de réorienter les choses. »

Pierre Hurmic s'étrangle, mais il laisse Claudine Bichet contre-attaquer :

« Je suis surprise Monsieur Florian. Si l'on arrive à ça, ce n'est pas parce que la situation s'améliore, c'est parce que notre équipe a débloqué toutes les réserves ! Vous n'avez jamais autant parlé du Crédit municipal que depuis que vous êtes dans l'opposition. Plus c'est gros, plus ça passe ! Eh bien non, ça ne passe plus. Des gens comme vous n'ont pas assumé leurs responsabilités. Il va falloir arrêter ce jeu narquois. La situation catastrophique, vous en êtes responsable. »

12

« JE NE L'AI PAS VU VENIR »

Si dès ses premiers pas de maire, Pierre Hurmic révèle sa singularité, un sujet va mettre à l'épreuve ses conceptions politiques et une fois encore, le démarquer des clichés collant aux basques des écolos. Ce sujet, c'est celui de la sécurité.

Le dossier n'a pas attendu sa victoire aux municipales pour s'imposer à Bordeaux. Pour une ville qui a basculé dans la cour des grandes, avec une attractivité toujours plus forte, la rançon du succès se paye au prix fort : les violences aux personnes, agressions, cambriolages et dégradations se multiplient dans des proportions alarmantes. Cela n'a pas échappé au candidat Hurmic. Durant sa campagne, l'écologiste n'a eu de cesse de réclamer « plus de bleu dans les rues ». En clair, plus de policiers sur le terrain, quitte à susciter la désapprobation de ses colistiers :

« Ça m'a été souvent reproché par mes équipes. »

Amine Smihi, son adjoint en charge de la « tranquillité publique » – c'est-à-dire de la sécurité – entre tout de suite dans le dur. Ce fils d'opposants au roi du Maroc a fait ses classes à l'Unef. Ensuite, l'homme grimpe les échelons dans l'Éducation nationale : professeur, puis proviseur dans un lycée en banlieue parisienne. De retour à Bordeaux, à la veille des municipales, il pousse la porte les Verts. Il rencontre Pierre Hurmic et ne le lâche plus. Lui et quelques autres incarnent la ligne realo[1] de l'équipe municipale.

« L'euphorie de la victoire est vite douchée, rappelle l'adjoint. Quand on démarre ce mandat, pas un jour ne se passe sans qu'il n'y ait d'agression à coups de couteau. On sort de la séquence gilets jaunes. Les policiers nationaux ou municipaux ont des centaines d'heures supplémentaires à rattraper. »

La situation fait aussi écho à une curieuse loi des séries. Quelques années en arrière, Bordeaux a connu une succession de noyades dans la Garonne[2]. Avec ces agressions à l'arme blanche, la psychose est de retour. Et c'est vers le maire que l'on se tourne.

---

1. Terme utilisé par la presse allemande pour désigner, au sein des écologistes, un partisan de l'alliance avec des partis du centre, voire conservateurs (le mot est une abréviation de *realist*). Par opposition, les fundis (de *fundamentalist*) défendent une vision plus à gauche.
2. Voir sur le sujet le polar documenté *Les Égarés du port de la Lune*, signé par l'universitaire Jacques Faget et paru dans la collection SO Noir en 2022.

Pierre Hurmic doit appréhender la fameuse « chaîne de sécurité », soit : les relations avec la police, la justice, les services sociaux et la préfecture.

« Les écologistes sont attendus au tournant », souligne Amine Smihi, qui poursuit :

« On sent bien qu'on instruit un procès en candeur à notre égard. Le présupposé, c'est qu'on ne maîtrise pas le sujet. Avec le maire, on a une conviction très forte : coller à une réalité factuelle. C'est une vraie question politique. On ne peut pas prendre une ville sans hausser notre regard à la hauteur des enjeux, on nous attend sur ce champ-là. Notre grande ambition est de faire la preuve par la pratique qu'on peut être écolo et se saisir du régalien. »

En ce début de mandat, les différents interlocuteurs se jaugent, se frottent et s'affrontent. « Nous sommes face à des partenaires très prescripteurs. Il y a une distorsion entre la représentation que l'on nous fait de la ville et notre perception », ajoute l'adjoint.

La municipalité lance une vaste enquête sur l'insécurité, confiée au réseau France urbaine. Une manière d'avoir quelques éléments factuels à se mettre sous la dent, pour tenter de cerner le piégeux « sentiment » d'insécurité. Mais très vite, la corde se tend avec les services de l'État. La mairie se montre très pointilleuse sur les prérogatives des uns et des autres, notamment la répartition des rôles entre police nationale et police municipale.

LA LIGNE FERME DE PIERRE HURMIC

Cela n'empêche pas Pierre Hurmic de se joindre au chœur des élus, essentiellement de droite, qui réclament le renfort d'une compagnie de CRS. C'était d'ailleurs l'une des annonces oubliées de sa conférence de presse de septembre, parasitée par le « sapingate ».

Une ligne pragmatique qui surprend jusque dans les rangs de la majorité, où le sujet fait débat. Lors d'une réunion de l'équipe municipale, mi-septembre 2020, l'idée de la création d'une brigade canine au sein de la police municipale est évoquée. Il est avéré que les animaux ont une présence dissuasive. Francis Feytout, conseiller délégué à la cause animale, prend la parole :

« Il faudrait faire un audit pour déterminer s'il s'agit de maltraitance animale. »

La proposition recueille l'assentiment d'une partie des présents. Et la consternation d'une autre. Même Pierre Hurmic est surpris de cette demande :

« Ils m'ont fait le coup de la maltraitance… Je ne l'avais pas vu venir… »

Néanmoins, le principe d'une brigade canine est retenu. Sans audit.

DES EFFECTIFS POLICIERS À L'ÉCHELLE DE LA VILLE

L'autre dossier chaud porte sur les effectifs de la police municipale. Lesquels sont loin d'être pléthoriques. Ce que constate très vite Amine Smihi :

« Je découvre que Bordeaux n'a pas un dispositif à la hauteur de la ville. Nous n'avons pas un outil de dissuasion et de présence adapté aux huit quartiers de 40 000 habitants chacun. À l'instant T d'une journée, nous n'avons que trois équipages de deux agents disponibles pour couvrir ces huit quartiers. On est la cible d'attaques de notre opposition de droite sur le sujet, or c'est leur bilan ! »

De son côté, Pierre Hurmic est formel :

« La sécurité publique est une affaire d'État, mais la mairie ne doit pas s'en désintéresser. »

Il débute donc son mandat en lançant une campagne de recrutement pour muscler les effectifs de la police municipale. Alors qu'il dispose de 164 agents sur le terrain, il veut en embaucher 140 de plus d'ici 2026. Mais le recrutement est long.

Et très vite s'invite la question de la vidéosurveillance. Philosophiquement, il est « contre ». Mais l'outil est là. Et il est précieux pour les forces de l'ordre. Chaque année, à Bordeaux, la justice et la police formulent 500 réquisitions à la ville pour récupérer ces images.

« Il faut cesser de faire croire que la vidéo est une réponse à tous les problèmes de sécurité, s'agace

Pierre Hurmic. La vérité n'est pas ce qui est clamé le plus fort. Toutes les études le démontrent : une caméra seule ne prévient pas des actes délictueux, il faut une présence. Ce que je reproche, c'est qu'il n'y a jamais de bilan. J'y suis également hostile pour des raisons de compétence. La sécurité publique relève de l'État mais les caméras sont payées par la ville. »

Amine Smihi complète :

« Le point de deal de la rue des Faures à Saint-Michel est exactement sous la caméra. On sait qui vend quoi, combien et à quel prix… Il ne reste plus qu'à les arrêter. Il n'y a pas d'outil magique. La sécurité, c'est une chaîne de responsabilités, chacun a son rôle, chacun doit le tenir. »

Ou comment renvoyer la balle dans le camp de la police nationale…

Les services de l'État mettent une pression maximale pour que la ville s'équipe. En retour, Pierre Hurmic demande des renforts de police nationale. Un vrai dialogue de sourds :

« Ça bloquait toutes nos discussions. Je voulais obtenir les 140 policiers supplémentaires. À un moment, il fallait lâcher du lest. Les dommages collatéraux auraient été trop lourds. Je le reconnais avec humilité : la realpolitik m'a rattrapé. C'est le conflit entre l'éthique de conviction et l'éthique de responsabilité de Max Weber. Mais ma conviction n'a pas bougé d'un iota. »

Il finit donc par se laisser se laisser convaincre. Fin 2022, 30 caméras supplémentaires s'ajouteront aux 150 actuelles. Pierre Hurmic résume sa ligne « realpolitik » :

« Oser toujours, céder parfois, renoncer jamais. »

Mais cette approche n'apaise pas les relations avec l'État. Bien au contraire. De part et d'autre, une formule polie sert de parapluie sous lequel on s'abrite pour caractériser les relations : « Un dialogue exigeant. » Ce que l'on peut traduire par… urticant.

RÉVEILLON TRAGIQUE

Cependant, comme souvent en matière de sécurité, un drame vient accélérer les choses. Au lendemain de la Saint-Sylvestre 2021 marquée par des violences urbaines, un adolescent de 16 ans est tué par balle au pied de sa barre d'immeuble dans la cité des Aubiers. Victime collatérale de rivalités entre quartiers. Pierre Hurmic prend la parole quelques heures après :

« Un cap a été franchi face à des faits que je qualifie de grande criminalité. Il y a des solutions rapides à apporter. »

Il choisit toutefois de ne pas se rendre dans le quartier :

« Pour quoi faire ? Des images, de la com' ? Mettre en scène ma compassion ? Cela n'aurait qu'un effet :

rajouter de la colère à la colère. Je ne considère pas mon action comme cela. »

Il rencontre la famille et les proches de la victime quelques heures après le drame, loin des caméras.

Le 25 mars 2021, Gérald Darmanin, le ministre de l'Intérieur, se rend à Bordeaux. Il fait un crochet par le poste de police des Aubiers et annonce un renfort de 140 policiers :

« Soit, en anticipant les départs à venir, une augmentation des effectifs nette de près de 120 d'ici la fin du quinquennat. Ces policiers seront chargés dans la circonscription de Bordeaux de lutter contre la délinquance et singulièrement contre les trafics de drogue. C'est un effort considérable que nous faisons. »

L'effort est salué par l'ensemble des politiques locaux. Côté mairie de Bordeaux, on reste assez discret. La nouvelle est tout de même accueillie « positivement ». Mais quelques mois plus tard, dans les colonnes de *Sud Ouest*, Amine Smihi sort la calculatrice :

« Ce sont 120 postes nets. La zone Police Bordeaux, cela représente 18 communes métropolitaines plus Arcachon et La Teste. Ce n'est pas réparti de la sorte, mais cela fait une moyenne de six policiers par ville. J'en conclus que les villes de la métropole recrutent davantage de policiers que l'État lui-même. Or, nos besoins sont réels. »

Et il ajoute :

« Nous sommes la cinquième métropole de France, la seule sans compagnie de CRS ! Nous avons eu une demi-compagnie. Elle a prouvé son efficacité. Mais au bout d'un an, elle est repartie. La responsabilité de l'État est engagée. Il nous manque ce dispositif majeur. »

Une déclaration qui provoque l'ire de la préfecture. Et elle n'est pas au bout de ses peines. En effet, la ligne bordelaise est remarquée par le Forum français pour la sécurité urbaine (FFSU) qui réunit une centaine de collectivités territoriales, notamment les grandes métropoles. Surtout, cette association est un interlocuteur incontournable de la place Beauvau. Pierre Hurmic est coopté pour en prendre la présidence en octobre 2022, ce qu'il accepte.

L'un de ses premiers gestes sera de remettre le « Livre blanc de la sécurité des territoires » élaboré par l'association à Gérald Darmanin. Un nouveau dialogue exigeant en vue. À moins qu'un troisième homme ne vienne jouer les facilitateurs entre le ministre de l'Intérieur et le maire de Bordeaux. En effet, cette présidence du FFSU devrait permettre à Pierre Hurmic de renouer avec un Girondin particulièrement au fait des questions de sécurité : Frédéric Veaux. L'ancien préfet des Landes, né à Talence, et aujourd'hui directeur général de la police nationale :

« Nous étions ensemble à Sciences Po, c'est un camarade de promo. »

13

« ARTISTE, C'EST UN MÉTIER ? »

Si Pierre Hurmic sait faire preuve de pragmatisme, un épisode va venir rappeler les fragilités de sa majorité municipale. Là où un certain dogmatisme peut se faire jour et où des chantres de la démocratie participative et de la co-construction savent se montrer prompts à désigner des coupables. Cet épisode, c'est celui qui a conduit à la démission de Claire Bouchareissas, directrice de la communication, seulement cinq mois après sa nomination par Pierre Hurmic.

Nous sommes dans les premiers jours d'avril 2021 et la ville de Bordeaux lance une nouvelle campagne de communication pour inciter les habitants à participer au Forum de la culture. L'idée : que toutes et tous, dans une démarche citoyenne, participent à l'élaboration de la politique culturelle. L'heure est à la démocratie participative, autre facette de « la ville apaisée » dont Pierre Hurmic se veut le promoteur.

Le vendredi 9 avril au matin, une série d'affiches apparaissent sur les sucettes de la ville. Celles-ci ne passent pas inaperçues. Pour que cette campagne soit plus impactante, comme aiment à le répéter les communicants, la mairie a décidé de reprendre à son compte quelques idées reçues qui accompagnent et caricaturent le monde culturel depuis des lustres. Les visuels reprennent les slogans suivants : « Artiste, c'est un métier ? » Ou encore : « La culture, ça coûte trop cher ? » Immédiatement, les hommes et femmes de l'art voient rouge.

« C'est un peu comme si on démarrait un forum sur l'égalité homme-femme et que l'on commençait par la question "Les femmes devraient-elles voter ?" », s'agace un artiste bordelais.

Sur les réseaux sociaux, c'est la curée : l'indignation et les critiques fusent. Le message de la mairie ne passe pas. Pire, il est incompris et se retourne contre les auteurs de cette campagne de communication qui, pour ne rien arranger, intervient alors que le monde de la culture, les théâtres et les cinémas se relèvent douloureusement des confinements successifs liés à la crise du covid.

Sur le plateau de TV7, Catherine Marnas, la directrice du Théâtre national de Bordeaux en Aquitaine (TnBA), ne cache pas sa déception :

« Le moins qu'on puisse dire, c'est que c'est maladroit. Le spectacle, c'est la toute petite pointe de l'iceberg. Avec tout le travail qui se fait en relation avec les centres sociaux, dans les prisons, dans les hôpitaux, on est un relais et un facteur de cohésion de la société. Au lieu de se dire "voilà un peu d'espoir", on le prend comme une gifle… »

Le lundi suivant, le 12 avril, un street artiste détourne les affiches de cette campagne de communication et applique sur les panneaux publicitaires de la ville de nouveaux slogans qui résument toute l'aigreur du milieu culturel : « Communicant, c'est un métier ? ».

Le détournement de l'affiche devient viral sur les réseaux sociaux : « Maire, c'est un métier ? »

L'opération, qui se voulait subversive, se solde par un cuisant fiasco : les affiches sont retirées. La mairie de Bordeaux suscite de nouveau l'incompréhension, du monde culturel cette fois.

UN POSTE EN PROIE AUX DISSENSIONS INTERNES

Surtout, l'épisode fait monter la tension en interne. Et cela vire au règlement de comptes. Dans le rôle du bouc émissaire se trouve Claire Bouchareissas, la directrice de la communication. Pourtant, celle-ci ne découvre pas les arcanes de la communication politique. Après la direction de l'information à la Mutualité française, elle a occupé différents postes au cabinet du président de l'Assemblée nationale ainsi qu'à la ville de Libourne au début des années 2010. C'est d'ailleurs elle qui est envoyée au feu pour se justifier devant les différents médias.

Pour une poignée d'élus et certains proches du maire, elle est la seule responsable de cet échec. Ils le lui font savoir à l'oral et à l'écrit. Les échanges sont violents. Et ce alors que cette campagne de communication a été validée par les élus, à commencer par le premier d'entre eux.

« Je l'ai laissée passer, reconnaît Pierre Hurmic. J'ai trouvé ça provocateur. La culture, c'est aussi provoquer, je ne pensais pas que ça prendrait ces proportions. »

Mais l'épisode va laisser des traces. Le 10 mai, Claire Bouchareissas jette l'éponge et remet sa démission à Pierre Hurmic. Le maire de Bordeaux avait pourtant pris tout son temps pour la choisir. Elle n'a pas tenu six mois.

Le voilà contraint à nouveau de recruter. Sur le papier, le poste est alléchant. Mais les faits sont têtus. L'horizontalité et le débat permanent, deux vertus portées en étendard de la bienveillance, n'échappent donc pas aux attaques frontales. En ce début de mandat, il n'est pas rare de retrouver une quinzaine d'élus et des membres du cabinet autour de la table pour traiter des questions de communication. Et ce n'est pas forcément gage d'efficacité.

De fait, les heures de palabres débouchent souvent sur cette proposition : « On s'en reparle. » La directrice de la communication le découvre très vite. Et le début de la fin commence dès la campagne sur les Journées du patrimoine.

Ce jour-là, ils sont une vingtaine à prendre place autour de la table. La discussion roule sur la place des femmes dans la société, sur le patriarcat... Claire Bouchareissas émet des réserves sur l'ajout du terme « matrimoine » à la manifestation, de peur que cela brouille le message. Bronca des présents. Bilan des opérations : la version 1 de la campagne de communication est liquidée. Résultat, il faut tout réimprimer pour que figure le nouvel intitulé : « Journées du patrimoine et du matrimoine ». Soit plusieurs milliers d'euros jetés à la poubelle. Pour la sobriété, on repassera.

Mais depuis, la directrice de la communication est rangée dans le camp des mal-pensants et devient une cible. Jusqu'à son départ.

« On a dit que la com', ce n'était pas mon truc. C'est un peu vrai. On ne lui a pas laissé le temps de s'installer... », reconnaît Pierre Hurmic du bout des lèvres.

Ces ratés dans la communication de la ville rappellent un autre épisode peu glorieux, où là encore, la majorité municipale a tendu le bâton pour se faire battre. Début janvier 2021, les Bordelais reçoivent la carte de vœux de Pierre Hurmic intitulée « Cultivons l'espoir ». Le visuel présente la place Pey-Berland revégétalisée. Les arbres, Pierre Hurmic en a fait son totem. Or, si cette carte vient rappeler son ambition, il manque un élément. Dans la composition, les graphistes ont fait disparaître la statue de Jacques Chaban-Delmas, l'ancien maire de Bordeaux…

Son petit-fils, Guillaume Chaban-Delmas, conseiller municipal élu avec Nicolas Florian, interpelle aussitôt Pierre Hurmic sur les réseaux sociaux :

« Suis-je le seul à me demander pourquoi cette carte de vœux low cost, au vert fluo très laid et digne d'un collégien fiévreux, a fait disparaître la statue d'un de vos illustres prédécesseurs ? »

Entre les affiches et les cartes de vœux, les écologistes sont fâchés avec les imprimés… Le signe d'une pensée brouillonne ? D'un amateurisme au pouvoir ?

LA VALSE DES COMMUNICANTS

Toujours est-il qu'après le départ de Claire Bouchareissas, il faut lui trouver un remplaçant. En octobre, son successeur est nommé. Là encore, Pierre Hurmic opte pour un profil expérimenté et marqué à gauche. Jusque-là, Julien Martret était le directeur adjoint de la communication de la région Nouvelle-Aquitaine, présidée par le socialiste Alain Rousset.

Mais à peine cinq mois plus tard, début mars 2022, il rend, lui aussi, son tablier. Deux directeurs de la communication en moins de deux ans, il y a comme un hic... Toujours en activité à Bordeaux, ils n'ont pas souhaité répondre à nos questions.

Une troisième directrice, Annabelle Ouvrard, est nommée à la fin de l'été 2022. Directrice de cabinet du président de l'Université de Bordeaux Dean Lewis, elle a donc décidé de relever à son tour le défi sans ignorer que, dans le milieu des communicants, les paris sur sa longévité ont été ouverts dès son entrée en fonction...

Reste que cette valse est également un révélateur. D'abord de la chaleureuse ambiance qui règne au sein de l'équipe municipale. Ensuite, et c'est plus ennuyeux, ces démissions le confirment : sur la communication, Pierre Hurmic est souvent aux abonnés absents.

« Mon ami Jean-Pierre Xiradakis m'a dit : "Il faut que tu prennes le costume de maire." Je pensais qu'il fallait que je reste comme je suis. Je n'avais pas mesuré que la parole d'un maire se canalisait un peu plus. Je plaide coupable. Ma spontanéité m'a joué de mauvais tours. »

Néanmoins, il assure avoir entendu le message :

« Le comportement des élus n'a pas toujours été le bon. La nature ayant horreur du vide, des gens ont pris la place que je n'occupais pas, il faut que je m'implique plus. On a resserré les boulons, pour cadrer davantage... La politique, ce n'est pas le monde des Bisounours. »

Cette succession d'épisodes fait bien entendu le miel de l'opposition. La droite et les macronistes y trouvent matière à espérer, d'autant qu'à l'approche de cet été 2021 se profilent deux nouveaux rendez-vous électoraux qui, espèrent-ils, permettront de sortir du brouillard : les départementales et les régionales de juin. L'occasion donc, pour les battus de 2020, de remettre les pendules à l'heure. Et de prouver que l'élection inattendue de Pierre Hurmic à la mairie de Bordeaux n'était au fond qu'un accident de l'histoire.

Du moins, c'est ce qu'ils croient...

14

« NI MÉLENCHONISTE NI COMPLOTISTE »

Si Pierre Hurmic fuit les mondanités, les courtisans et les lourdeurs du protocole, tout comme il ne s'avance qu'à contrecœur sur les chemins piégés de la communication, il n'en reste pas moins politique. Et un an après son élection, deux rendez-vous se présentent à lui : les régionales et les départementales. Deux échéances qui, dans la foulée de la vague verte aux municipales et de la réussite aux européennes de 2019, apparaissent comme une épreuve de vérité pour les écologistes. Cette nouvelle séquence est d'autant plus importante que tous les états-majors ont en réalité les yeux déjà rivés sur la présidentielle de 2022. Pour Pierre Hurmic, qui reste une anomalie aux yeux de la droite bordelaise, un autre succès ne pourrait qu'apporter de l'eau fraîche à son moulin et, par ricochet, valider ses premiers pas de maire.

Seulement, Pierre Hurmic est un élu à part. Un élu qui – et il l'assume pleinement – se méfie des partis. À commencer par le sien. Et cela ne date pas de sa victoire aux municipales. Cette méfiance fait partie intégrante de sa philosophie politique. Pour comprendre, il faut, là encore, remonter à son maître à penser : l'historien et théologien bordelais Jacques Ellul.

« Je suis un Vert hors les murs. Je n'ai jamais eu de responsabilités, je ne suis pas un homme de parti, je ne l'ai jamais été. Ellul disait : "Un homme de parti, c'est une partie d'homme." Je ne suis pas une partie d'homme. Je ne suis pas un idéologue. Je ne suis pas l'homme d'un réseau, je ne dois rien à personne. »

Avec le recul, son passage au sein de Génération écologie[1] avait déjà permis de cerner la forte tête.

Aux législatives de 2017, Cécile Duflot, la patronne des Verts de l'époque, se casse les dents sur cet opiniâtre et obscur élu bordelais. Il entend alors se présenter sur la deuxième circonscription, celle détenue par l'ex-ministre socialiste Michèle Delaunay. Cécile Duflot a un autre nom en tête. Pour le faire plier, elle lui impose une primaire. Mais rien n'y fait. La primaire s'effondre sur elle-même et Pierre Hurmic est désigné. Reste que tout ce petit monde est emporté par la vague macroniste.

1. Voir le chapitre 3, page 31.

Commentaire de l'intéressé sur ce bras de fer :

« Je ne correspondais pas aux projets parisiens. Des porte-flingues m'appellent. Mais je suis décidé. À partir de là, tu peux faire appeler la terre entière, je ne cède pas... »

LES ÉLECTIONS RÉGIONALES

À l'approche des régionales de 2021, Pierre Hurmic reste donc fidèle à ses principes. Il observe de loin la rupture entre Alain Rousset – le président socialiste sortant, candidat à un cinquième mandat – et son vice-président écologiste, Nicolas Thierry. Ligne à grande vitesse, bassins de rétention d'eau, agriculture... les sujets de discorde sont profonds et exacerbés par l'urgence climatique. La rupture est consommée entre socialistes et écologistes. Certes, les écologistes ont pour habitude de partir de leur côté au premier tour, mais pour mieux rallier les socialistes au second. Cette fois, au terme d'une longue nuit de négociations entre les deux formations, aucun accord n'est trouvé. En position de se maintenir, les écologistes emmenés par Nicolas Thierry maintiennent donc leur candidature. En dépit de la pression du Rassemblement national.

De son côté, Pierre Hurmic soutient Nicolas Thierry, sans s'investir plus avant. Son credo : être maire de Bordeaux, loin des soupes d'orties mijotées dans les arrière-cuisines des partis. Et il s'en tient tellement loin qu'il n'apparaît même pas dans le clip de campagne réalisé par EELV pour appuyer ses candidats aux régionales. Tous les ténors se succèdent : Yannick Jadot, Éric Piolle – le maire de Grenoble –, Léonore Moncond'huy – la maire de Poitiers –, Grégory Doucet – le maire de Lyon – et même l'ancien député-maire de Bègles et figure tutélaire, Noël Mamère…

Pierre Hurmic le reconnaît :

« Mon cabinet me l'a fait remarquer. On ne m'a rien demandé. Je n'y suis pas, c'est un peu de ma faute… »

LES DÉPARTEMENTALES

En revanche pour les départementales, sur son terrain de chasse, il pèse dans les débats qui animent une gauche menée par le socialiste Jean-Luc Gleyze. Alors que la base des Verts entend jouer des coudes, Pierre Hurmic met, pour une fois, les pieds en cuisine :

« La question n'est pas d'avoir des candidats mais des bons candidats. J'ai envie de bien travailler avec Gleyze. Nous avons fait, l'un et l'autre, les visiteurs du soir quand il y a eu des tensions. On a tapé du poing sur la table pour ramener le calme. »

Pierre Hurmic veut éviter de ressusciter le tandem Juppé-Madrelle, quand le maire de Bordeaux et l'emblématique président du département jouaient « la ville contre les champs ».

« Bordeaux a une responsabilité envers ses territoires voisins, ajoute-t-il. L'État étant totalement défaillant dans l'aménagement du territoire, je considère que c'est aux élus locaux de le faire. »

Malgré ses réserves à l'égard de la vie politicienne, les résultats des régionales et des départementales ne l'indiffèrent pas. Et pour cause, ils confirment le mouvement initié un an plus tôt. Il faut les regarder en détail.

Ainsi, aux régionales, Nicolas Thierry et les écologistes terminent à égalité avec les LR emmenés par Nicolas Florian (14,19 % des voix). Ils devancent Geneviève Darrieussecq, alors ministre déléguée chargée de la Mémoire et des Anciens Combattants, et candidate de la majorité présidentielle (13,01 %). En revanche, ils restent derrière Edwige Diaz, la candidate du Rassemblement national (19,11 %) et derrière le grand vainqueur, Alain Rousset (39,51 %). Toutefois, à Bordeaux, c'est bien l'ex-gauche plurielle qui l'emporte. Triomphalement réélu, le président sortant du conseil régional arrive en tête (34,73 %), suivi de Nicolas Thierry (21,30 %), lequel se paie le luxe de devancer l'ancien maire, Nicolas Florian (20,37 %).

Alors que ce dernier assure que ces régionales l'ont relancé et qu'il a remis « l'église au milieu du village », en réalité, il est encore battu par un écologiste. Un copié-collé des municipales de 2020. Certes, là encore l'abstention est à pointer du doigt, mais à un an d'intervalle, il devient évident que la sociologie bordelaise a changé.

Les départementales donneront aussi des indications dans ce sens. L'alliance entre socialistes, écologistes et communistes décroche trois cantons bordelais sur cinq. Alors que la gauche jouait gros, puisqu'aucune figure de ces vingt dernières années ne se représentait, trois élus municipaux de la liste Hurmic poussent les portes de l'assemblée départementale.

Le maire de Bordeaux peut donc laisser son opposition lui reprocher à longueur de conseil municipal son amateurisme et son manque de vision ; malgré l'affaire du sapin et les polémiques, la greffe écologiste est en train de prendre.

LA PRÉSIDENTIELLE EN VUE

Si sur le plan national ces élections régionales et départementales n'ont pas été un bon cru pour les Verts – à l'exception de Bordeaux donc –, cette page est vite tournée. Désormais, les écologistes n'ont plus qu'une priorité : désigner leur candidat ou candidate à la présidentielle de 2022.

Une primaire ouverte est organisée fin septembre. Ils sont cinq sur la ligne de départ : la députée Delphine Batho, l'eurodéputé Yannick Jadot, le maire de Grenoble Éric Piolle, l'ancienne numéro 2 d'EELV Sandrine Rousseau et le conseiller municipal de Nice, Jean-Marc Governatori.

Dans cette compétition qui s'ouvre, les maires écologistes apparaissent comme de précieux soutiens. Comme les autres, Pierre Hurmic est donc courtisé. Aux journées d'été d'EELV à Poitiers, qui servent de tribune aux cinq candidats, il les croise tous. En cette fin août, les deux favoris sont encore Yannick Jadot et le maire de Grenoble, Éric Piolle. Aux médias, qui ne les lâchent pas, les deux répètent en boucle leur certitude de victoire, laissant soigneusement de côté… Sandrine Rousseau. Devant les journalistes, Pierre Hurmic reste fidèle à sa ligne : « Je ne prends pas parti. »

« J'ai dit à Piolle et à Jadot que je ne serai d'aucune écurie. Les partis, c'est un fil à la patte, je n'ai aucun patriotisme d'appareil. »

Pourtant, personne n'est dupe. Entre Yannick Jadot et Éric Piolle, le cœur du maire de Bordeaux ne balance pas une seconde. Il ne souffre aucun doute qu'il votera en faveur de l'eurodéputé. La proximité du maire de Grenoble avec Jean-Luc Mélenchon, le chef de file des Insoumis, lui donne de l'urticaire. Et trace une ligne, rouge, infranchissable :

« Je ne suis ni mélenchoniste ni complotiste. »

Surtout, dans la géographie du conseil municipal de Bordeaux, la gauche radicale est dans l'opposition. Conduite par Philippe Poutou, le chef de file du NPA, elle a reçu le soutien de LFI aux municipales. Et ne manque pas une occasion de charger les écologistes au pouvoir.

Cependant, le résultat du premier tour de la primaire écolo pousse le maire de Bordeaux à sortir de sa neutralité. Certes, Yannick Jadot sort en tête (27,70 %) de cette consultation à laquelle un peu plus de 100 000 personnes participent. Mais il ne devance que d'à peine 3 000 voix l'éco-féministe Sandrine Rousseau (25,14 %) qui coiffe au poteau Éric Piolle sur le créneau encombré de l'écologie radicale.

À quelques jours du second tour, il prend l'initiative d'une tribune publiée dans le *JDD* et cosignée par une quarantaine d'élus écologistes appelant à voter Yannick Jadot. Intitulé « L'écologie de gouvernement, ça marche ! », ce texte est sans équivoque : « Il est de notre devoir de choisir un candidat prenant résolument parti pour rassembler et incarner cette écologie pragmatique de gouvernement. L'heure n'est plus au témoignage d'une radicalité éloignée de l'exercice du pouvoir et de ses contraintes, mais au choix résolu d'assumer les responsabilités qui nous incombent. »

À l'arrivée, Yannick Jadot s'impose de justesse avec 51,03 % et un peu plus de 2 000 voix d'avance sur Sandrine Rousseau. Sept mois plus tard, et après une campagne présidentielle où il ne trouvera jamais la bonne carburation, il ne réalisera que 4,63 % des voix au premier tour ; 8,17 % à Bordeaux. Pas de quoi pavoiser.

D'autant qu'un convoi explosif se présente en gare…

15

« LA PRISE D'OTAGE EST TERMINÉE »

« Quand on a de tels amis, on n'a pas besoin d'ennemis. »

Alain Anziani, le président de Bordeaux Métropole, aurait pu faire sienne cette riante maxime de Charles Pasqua. Et un sujet va donner corps à cet intemporel constat. Il tient en trois lettres : LGV. Dès le début du mandat, le projet d'extension de la ligne à grande vitesse Paris-Bordeaux vers Toulouse à l'est et Dax au sud s'annonce comme un moment de vérité pour la nouvelle majorité socialo-écologiste de la métropole.

Le sujet est si sensible qu'il a même fait l'objet d'une mention spéciale dans le pacte de gouvernance. Mais sa formulation est à ce point diplomatique – pour ne pas dire alambiquée – qu'elle offre plusieurs interprétations[1]. Et laisse donc le champ libre à un nouveau bras de fer.

Mais d'abord, quelques éléments de contexte. En 2017, la ministre des Transports Élisabeth Borne enterre la grande vitesse, jugée trop onéreuse, pour donner la priorité aux transports du quotidien. Du moins jusqu'en 2021. À quelques mois des élections régionales, le Premier ministre Jean Castex ressort le dossier de son chapeau. La ficelle est aussi grosse qu'une vache dans une cuisine, mais qu'importe : la LGV est de retour. Et elle contribue – c'était aussi le but poursuivi… – à fracturer les socialistes et les écologistes.

Il faut dire que ce dossier, c'est une addition à 14 milliards d'euros. Saucissonnée entre l'État, l'Europe et les collectivités concernées. Quote-part de Bordeaux Métropole : 354 millions d'euros qui viendront abonder la société de financement créée à cet effet. Seulement voilà ; dans l'accord métropolitain conclu entre le PS et les Verts, il est stipulé que pas un centime ne sera aiguillé vers des trains à grande vitesse…

Et c'est là que les subtilités de l'accord prennent tout leur sens. Les socialistes considèrent que cette

1. Le GPSO (pour Grand projet du Sud-Ouest), consiste à prolonger la ligne à grande vitesse Paris-Bordeaux vers Toulouse et Dax, en vue d'une liaison encore hypothétique vers le Pays basque espagnol. Le coût estimé de ce projet est de 14 milliards d'euros.

somme n'ira pas directement à la LGV, mais qu'elle servira d'abord à faire sauter le bouchon ferroviaire au sud de Bordeaux. Un vieux serpent de mer qui, lui, a l'assentiment de tous, y compris des écologistes.

LA MAJORITÉ FRACTURÉE

Or, ce point de consensus n'entame en rien l'opposition des écologistes à la LGV. Surtout, Pierre Hurmic n'a pas attendu d'être maire de Bordeaux pour s'intéresser au sujet. Dans son ancienne vie d'avocat, il était le conseil des opposants au projet basés en Sud-Gironde. Tactiquement, il laisse Clément Rossignol-Puech, le maire écologiste de Bègles, porter le fer à la métropole. Lui choisit un autre terrain : le tribunal de l'opinion.

Une guerre de communication s'engage entre les deux têtes de l'exécutif. Alain Anziani tire le premier et livre à qui veut l'entendre une plaidoirie en faveur de la LGV. Quelques jours plus tard, Pierre Hurmic riposte dans les colonnes de *Sud Ouest* :

« Il est urgent d'arrêter ce projet. Cela fait quinze ans qu'on est privés d'un vrai débat sur la meilleure desserte du territoire au nom d'un dogme non négociable : la LGV. Aujourd'hui, je tape du poing sur la table pour défendre un projet ferroviaire alternatif, pragmatique, respectueux des enjeux écologiques, des territoires de leurs habitants. »

L'attaque a été savamment préparée. Et c'est un tapis de bombes :

« Des études, dont celles de la SNCF, nous disent que la modernisation des lignes existantes se chiffrerait entre 4,6 milliards et 7,3 milliards d'euros. À comparer aux 14 milliards d'euros du Grand Projet du Sud-Ouest. Il y a la question du temps gagné : entre Bordeaux et Toulouse, le delta entre la LGV et des lignes rénovées est de 22 minutes, et 6 minutes pour Bordeaux-Dax. Il faut se poser les bonnes questions : doit-on engloutir des milliards pour gagner quelques minutes ? »

Non content d'étaler au grand jour la fracture de la majorité, Pierre Hurmic pousse le curseur encore plus loin. Il lance une pétition sur internet contre l'extension de la LGV. Une initiative qui recueille très vite des milliers de signatures. Notamment dans son cher Pays basque, très hostile au projet puisqu'après Dax, pour gagner l'Espagne, il faut bien le traverser.

Alain Anziani sait l'opposition de Pierre Hurmic, mais là, il tombe de sa chaise.

« Le premier surpris de la tournure des événements, c'est quand même moi, grince-t-il. J'ai quand même vu mon premier vice-président lancer une pétition contre un projet de la métropole sans même me le dire ! Qu'il garde sa liberté politique, je le comprends, mais il n'est pas dans les habits d'un militant d'opposition. Quand on est majoritaire, on ne lance pas des pétitions ; on agit, on lance des actions. Il faut qu'une confiance se réinstalle entre nous. »

L'opposition de droite, qui ne s'est toujours pas remise de la fin de la cogestion, regarde avec gourmandise les lézardes se transformer en crevasses. Patrick Bobet, le maire du Bouscat, président du groupe, avait prophétisé quelques mois plus tôt :

« Une majorité pour rien, bientôt une majorité plus rien. »

Avait-il tort ?

L'ONDE DE CHOC

Le différend inquiète au-delà de la Gironde. Un vote négatif de Bordeaux Métropole pourrait porter un coup quasi mortel à cette extension de la LGV. À Matignon, on observe le tableau avec inquiétude. Carole Delga, la présidente de la région Occitanie, téléphone à ses amis girondins pour obtenir des assurances. Jean-Luc Moudenc, le maire LR de Toulouse, également. Tout le monde est suspendu au psychodrame qui se joue dans la plus haute tour du quartier de Mériadeck. Enfin, et ce n'est pas tout à fait accessoire, c'est aussi l'avenir de la majorité qui est en jeu. Un an et demi après son arrivée au pouvoir…

Alain Anziani montre alors qu'il sait aussi naviguer par gros temps :

« Dès l'instant où je n'avais pas de majorité pour faire voter un projet que je considère comme stratégique pour la métropole, il a fallu trouver d'autres soutiens et construire une majorité alternative. C'est ce que j'ai fait. Je l'ai dit à Pierre Hurmic. »

Après des mois à crier dans le désert, la droite est en position de force. Elle le sait. Pas question de sauver le soldat Anziani sans contrepartie. Elle négocie son retour au bureau de la métropole, le conseil des ministres de la collectivité. Le cœur de la machine. Onze maires de droite y font donc leur retour. Le 24 novembre 2021, la veille du vote sur la LGV, Patrick Bobet est tout sourire :

« J'ai une très bonne nouvelle : la prise d'otage de la métropole par les écologistes est terminée ! »

Côté socialistes, on n'est pas fâchés de voir les alliés bordelais renvoyés dans les cordes, comme le raconte ce maire :

« On a tenté de trouver un terrain d'entente jusqu'au bout. On a arrondi les angles au maximum. On a réécrit treize fois la délibération. Les écologistes nous ont renvoyé une quatorzième version expliquant : "Voilà la délibération telle que nous souhaitons la voir formulée, mais nous ne la voterons pas." De l'art de perdre du temps, je n'avais jamais vu ça. »

Chez les écologistes, c'est la soupe à la grimace. Ils envoient un communiqué trempé dans l'acide :

« Nous apprenons que certains élus de droite voteront en faveur du GPSO, mais ce vote n'est pas gratuit. Il est acquis en échange d'une participation au bureau. Troquer son vote dans ce but relève, chez ces élus, d'une propension à la tambouille politique qu'on espérait révolue. »

Les voilà néanmoins face à une question cruciale : claquer la porte ou avaler la couleuvre ?

« Nous avons choisi, pour notre part, de ne pas brader nos convictions et restons attachés au succès du projet de mandature de la majorité métropolitaine avec un exécutif inchangé. »

Contre mauvaise fortune bon cœur, Pierre Hurmic doit s'y résoudre. Encore que :

« Je n'ai jamais été opposé au retour des maires de droite au bureau. Concrètement, rien n'a changé, l'ouverture a été un gadget. Ce qui est important, c'est que ces maires ne soient pas associés à l'exécutif. La métropole serait redevenue cet open bar où tout le monde siège et où personne ne fait rien, comme ce fut le cas pendant des décennies. »

Alain Anziani, lui, s'est dégagé des marges de manœuvre, après dix-huit mois de tête-à-tête tendu avec les « amis » écologistes. Il dit les choses, à sa manière :

« L'exécutif ne bouge pas. Il y a une majorité et une minorité. C'est en revanche le retour d'une cohabitation plus forte et d'un dialogue permanent avec les élus de droite. Je ne jette pas à la poubelle le pacte de majorité conclu avec les Verts et le PCF. On le maintient. Mais dois-je me priver de l'expérience des maires de droite ? C'est idiot de fermer la porte au dialogue et à l'intelligence. »

L'épisode marque une franche rupture dans la vie de la métropole. Et la fâcherie rebat les cartes. La droite, jusqu'ici agressive, modère ses propos et surtout, vote la plupart des délibérations clés :

« On a le sens des responsabilités, voilà tout, justifie Christophe Duprat, maire LR de Saint-Aubin-de-Médoc. L'exécutif tient, mais le compte à rebours a commencé, la question est de savoir jusqu'à quand… Les socialistes ont moins de divergences avec nous qu'avec les Verts. »

ENTERRER LA HACHE DE GUERRE AVEC LA MAJORITÉ…

Côté majorité, il faudra quelques semaines pour raccrocher les wagons et avoir une explication franche.

« J'ai dit à Pierre qu'il n'était pas loyal, raconte Alain Anziani. J'ai été surpris par la rigidité des Verts. Je les pratique depuis des années à Mérignac, ils ne sont pas aussi intransigeants. Les Verts ont eu la tête qui a tourné et ont cru que l'heure était venue d'imposer leur vision. Pierre est un homme de caractère parfois aveuglé par ses obstinations. En politique, il ne faut pas parler trop vite. Il parle vite, avec talent, et se retrouve prisonnier de ce qu'il a dit.

Le président de la métropole poursuit :

« Je suis convaincu qu'il peut devenir un grand maire de Bordeaux, s'il se défait de ses habits minoritaires. Il a tout pour devenir un maire marquant. Mais gouverner, ce n'est pas s'opposer. J'ai toujours souhaité sa réussite et la souhaite toujours, c'est la raison pour laquelle je n'interviens pas sur les sujets bordelais. »

Après coup, Pierre Hurmic temporise également :

« J'entends dire que les écologistes vont évoluer... Mais il n'est pas interdit aux autres d'évoluer ! Avec Alain Anziani on peut avoir des divergences, tout en continuant à travailler ensemble. Le couple s'est toujours bien porté. Dans un couple, il peut y avoir des désaccords. Et en politique, il peut y avoir des désaccords féconds. La LGV en est un. Je m'en suis expliqué avec Alain Anziani avec qui j'entretiens les meilleures relations, c'est comme un ami. Sur les grandes infrastructures, nous avons une vision diamétralement opposée, c'est acté. C'est peut-être cela le nouveau monde, celui où l'on peut dire que l'on n'est pas d'accord. Ça n'empêche pas d'avancer. »

... MAIS NE RIEN LÂCHER

Mais, en réalité, le maire de Bordeaux ne désarme pas. Quelques mois plus tard, en novembre 2022, il assure :

« Sur la LGV, je ne perdrai pas. »

De fait, c'est un travail de sape souterrain qu'il mène. Ainsi, le mardi 11 octobre, il se rend à Bruxelles où il rencontre un représentant de la Commission européenne en charge du dossier pour lui dire tout le mal qu'il pense de ce projet :

« Je lui ai rappelé que les élus locaux étaient contre. Et qu'il ne s'agissait en rien d'une liaison transfrontalière. La LGV s'arrête à Dax, à 91 kilomètres de la frontière. Je lui ai aussi rappelé que les Basques avaient dit non. Et qu'il pouvait en être sûr : jamais la LGV ne passera au Pays basque. »

À Bruxelles, il en profite aussi pour sensibiliser à sa cause des eurodéputés socialistes. Seulement, la manœuvre s'ébruite. Et une semaine plus tard, le 20 octobre, alors qu'il arrive au dîner du Medef girondin, Alain Rousset, le président PS du conseil régional de Nouvelle-Aquitaine, et premier défenseur de la LGV, lui fait comprendre qu'il est au courant :

« Alors, tu es allé vendre ta propagande à Bruxelles ! », lui lance-t-il en guise de mot d'accueil.

L'affaire n'est donc pas terminée. Et Pierre Hurmic est loin d'avoir dit son dernier mot.

Toutefois, pour les amateurs de feuilleton à rebondissements, les Girondins de Bordeaux ont offert, eux aussi, du très beau spectacle…

16

« ARRÊTE DE DIRE DES CONNERIES »

« Ne me posez pas de questions sur les Girondins, je suis nul, je n'y connais rien, ça ne m'intéresse pas. »

Six mois avant les élections municipales de 2020, dans ces minutes suspendues qui précèdent la prise d'antenne sur le plateau de TV7, au journal *Sud Ouest*, Pierre Hurmic se lâche. Le sujet n'est pas dans son radar. Et il ne semble pas disposé à s'en saisir. Mais à mesure que les semaines passent et que la campagne électorale prend de l'épaisseur, le sujet Girondins de Bordeaux s'impose comme une évidence.

Voilà des mois que la colère gronde dans les rangs des supporters. Dans leur ligne de mire, le président Frédéric de Longuépée, l'homme des fonds d'investissement américains King Street et Fortress, propriétaires du club. Ce sont eux qui ont les clés du destin d'une institution fondée en 1881. Et ce d'autant plus depuis que GACP et l'éphémère président Joe DaGrosa avec ses « airs de mafieux sympathique », dixit Pierre Hurmic, ont fait défaut[1].

Alors que les Girondins sont encore en ligue 1, sur les murs de la ville et sur les réseaux sociaux, un slogan fleurit : « Longuépée démission ! » La veille du premier tour des municipales, les Ultramarines convoquent une manifestation avec ce seul mot d'ordre. 5 000 personnes sont massées place Pey-Berland. Tambours, chants, fumigènes.

L'équipe de campagne de Pierre Hurmic parvient à grand-peine à l'y traîner. Il prend la parole et dans l'euphorie du moment, il se rallie au slogan en vogue. Aucun autre candidat n'a osé. Certes, il n'y connaît rien en foot, mais le peuple des « Gigis » lui sait gré de sa farouche opposition au grand stade.

PIERRE HURMIC ET LE STADE MATMUT ATLANTIQUE

Il est le seul élu métropolitain à s'y être opposé : « Trop cher, trop grand, inutile. » Le déménagement à Bordeaux-Lac après les années Lescure, puis la vente du club par M6 aux investisseurs américains transforment l'enceinte en symbole de la lente descente aux enfers des Girondins.

---

1. Le club a été repris par un consortium de fonds d'investissement américains. À sa tête, l'Américain Joe DaGrosa, pour GACP, associé à King Street et Fortress. Il sera très vite mis sur la touche par ses deux co-actionnaires.

L'intervention fait mouche et l'écologiste séduit le cœur des supporters. Une conversion subite. Ça tombe bien, le foot sera l'autre fil rouge du début de mandat.

« Je suis et je reste un adversaire résolu du foot business, explique-t-il. Voyez ou cela nous mène, la crise bordelaise en est la preuve. Aujourd'hui, c'est Bordeaux, demain un autre. On touche aux limites, ce système est à bout. C'est vrai, je me suis systématiquement opposé aux subventions au club. J'assume ce passé, c'était mon rôle d'opposant : que l'argent public soit bien utilisé. Bon, tout cela en ignorant totalement le monde footballistique. Je n'avais jamais vu un match ! Peut-être à la télévision, comme ça, par hasard. Et puis je n'avais jamais mis les pieds au stade. »

À vrai dire, il n'a jamais dépassé le parvis. Le jour de l'inauguration, il a ostensiblement planté un arbre, un poirier, en signe de protestation.

« Il pousse bien, je m'y rends régulièrement pour l'arroser ! »

Toutefois, sa participation à la manifestation des supporters et son appel à la démission sont un casus belli pour la direction du club. Pas de son, pas d'image entre le président Longuépée et le maire nouvellement élu. Perdu pour perdu, Pierre Hurmic, premier vice-président de la métropole, s'oppose à un étalement des loyers du club, alors en difficulté financière, dans les premiers mois de gouvernance.

« Je reconnais aujourd'hui que ma position était un peu… arrêtée. Le soir de mon élection, j'ai dit que j'étais le maire de tous les Bordelais. Dont acte. Parmi eux il y a des amateurs de foot. J'ai fait l'effort de me renseigner. Et puis mon confrère avocat et ami Jean-Didier Lange [aujourd'hui disparu], ex-président des Girondins de Bordeaux, m'a téléphoné quelques jours après mon élection : "Il est de mon devoir de te dire qu'il faut que tu arrêtes de dire des conneries sur les Girondins." Il m'a fait une formation express. »

Pas inutile. D'autant plus que le destin du club, miné par les dettes, se transforme en feuilleton. King Street et Fortress veulent arrêter les frais. Le risque de voir le club disparaître est patent. La chasse aux repreneurs est ouverte.

ENTREVUE AVEC NICOLAS SARKOZY

Dans cette affaire, les collectivités n'ont pas voix au chapitre. En tant que propriétaires du stade Matmut Atlantique, elles ont juste accès à un strapontin pour assister aux grandes manœuvres en coulisses. Pierre Hurmic prend tout de même l'initiative. Il lance un comité de vigilance et de soutien pour « poser les principes et les valeurs à ne pas brader lors de la vente du club ».

Plusieurs personnalités y siègent : Alain Anziani, le président de la métropole, Jean-Didier Lange mais aussi des anciens joueurs comme François Grenet et la légende Alain Giresse, héros des années fastes. Ce comité se réunit régulièrement à la mairie où, hasard des agendas, Nicolas Sarkozy ne va pas tarder à se montrer.

Ce vendredi 8 octobre 2021, l'ancien président de la République est à Bordeaux. Entre son intervention au congrès des notaires et la signature de son dernier ouvrage, *Promenades*, chez Mollat, il quitte précipitamment sa table du Grand Hôtel pour un accueil républicain à la mairie. Comme Chaban, Nicolas Sarkozy gravit les marches du palais Rohan en quelques bonds.

Dans le salon d'honneur, il croise le comité de vigilance des Girondins de Bordeaux avec qui le maire a déjeuné. Il reconnaît Alain Giresse, le salue chaleureusement puis lance :

« C'est quand même grâce à moi que vous avez ce beau stade ! L'État a mis 20 millions d'euros pour lancer sa construction. »

Pierre Hurmic reprend de volée :

« Je me suis battu contre et aujourd'hui, je ne sais pas comment me débarrasser de ce stade inutile ! »

Cette première rencontre démarre sur les chapeaux de roues. Ce qui n'empêchera pas un entretien cordial entre l'ancien président et le nouveau maire. Pendant une vingtaine de minutes, les deux hommes ont peu parlé politique mais ils trouvent un terrain d'entente : l'amour du Tour de France et de la course à pied.

D'UN NAUFRAGE L'AUTRE

La reprise du club se noue à l'été 2021. Dans le rôle de l'homme providentiel : Gérard Lopez, l'homme d'affaires hispano-luxembourgeois, ancien président du club de Lille dont il a été évincé. Plusieurs candidats se sont pourtant présentés. Certains portaient un discours sonnant comme une douce mélodie aux oreilles du maire de Bordeaux. Mais pour la banque Rothschild en charge de la transaction, on ne se paie pas de mots. Ce sera donc Gérard Lopez. L'aventure des Girondins en ligue 1 se poursuit. À la reprise de la saison, Pierre Hurmic s'installe dans la tribune présidentielle du stade Matmut à côté du nouveau président. Une première.

L'histoire aurait pu s'arrêter là. C'était sans compter le naufrage sportif du club. La descente se profile, le modèle économique est en passe de s'effondrer. Le maire prévient :

« Il y a deux domaines que je ne maîtrise pas, le sportif et la gestion du club. C'est entre les mains de spécialistes. Moi, j'ai plutôt tendance à leur faire confiance. J'ai fait confiance à Gérard Lopez quand il est arrivé, donc maintenant c'est à lui de trouver une solution. Si on doit tomber en deuxième division, qu'on n'y reste pas trop longtemps. Qu'il se donne les moyens de recruter d'autres joueurs et de faire en sorte qu'on ait une équipe un peu plus performante que celle qu'on a actuellement. »

À la veille d'un match crucial pour le maintien, le maire va jusqu'à rencontrer les joueurs dans le vestiaire :

« Rien n'est impossible, rien n'est perdu d'avance, on ne m'a jamais donné gagnant et pourtant, j'ai été élu maire de Bordeaux ! »

Certains footballeurs écoutent poliment, d'autres ne prennent même pas la peine de lever les yeux de leur téléphone portable. Le lendemain, ils perdent leur match. Et plongent le club dans une nouvelle tempête. La saison 2 des Girondins au bord du gouffre démarre. Plusieurs épisodes rocambolesques se succèdent. Le gendarme financier du football relègue le club au niveau amateur. Pierre Hurmic consent cette fois à voter un étalement du loyer du stade, qui s'élève alors à cinq millions d'euros par an :

« Si je ne l'avais pas fait, que n'aurait-on dit ! Les investisseurs ont fait des concessions, jamais assez à mon goût, mais ils en ont fait. Ils ont demandé la suppression du loyer, nous avons refusé et choisi de l'espacer dans le temps. Si on ne les aide pas, on perd tout ! Nous devons gérer cette ânerie d'un stade inutile qui pèse dans les caisses des Girondins, de la métropole, des contribuables ».

Au bout du bout des procédures d'appel, Gérard Lopez arrache le maintien du club en ligue 2 et, au passage, l'annulation des deux tiers des créances détenues par les fonds d'investissement américains, toujours aux manettes.

« Il faut lui reconnaître un certain talent. C'est un joueur de poker, il a réussi son coup », reconnaît Pierre Hurmic.

ÉPILOGUE

Quant à sa promesse de vendre le stade, clamée durant la campagne comme en début de mandat, retour au réel :

« C'est mal barré. On ne se bouscule pas au portillon. Mon souci est que les collectivités puissent prendre leurs distances avec cet investissement aussi stupide qu'inutile. »

Pierre Hurmic y a pourtant pris ses habitudes. Dès qu'il le peut, il assiste aux matchs joués à domicile, en ligue 2 :

« À travers ces épisodes, j'ai pu mesurer l'attachement pour ce club. Je le reconnais, je n'avais pas la bonne lunette. Cela représente quand même cent cinquante ans d'histoire, ce n'est pas rien. Je suis le maire, et ce club fait partie du patrimoine de notre ville. Mon rôle est d'être le gardien de ce patrimoine. Je fais des efforts, même si ce n'est pas ma tasse de thé. »

Mais au-delà du sport, ce dossier a permis de ramener Pierre Hurmic sur un autre terrain, où les enjeux sont aussi élevés.

17

« C'EST TOI LE MAIRE »

La scène se passe le 25 août 2021 à l'hippodrome de Longchamp. C'est ici que le Medef organise sa rentrée, la Rencontre des entrepreneurs de France (REF). Elle consiste en deux jours de débats et de tables rondes, réunissant un parterre de personnalités politiques, journalistiques, du monde de l'entreprise, des chercheurs… La veille, Pierre Hurmic était à Poitiers, avec les écologistes, où il a refusé de prendre la parole devant les militants malgré les demandes insistantes.

En cette fin d'après-midi, le dernier plateau a pour thème « Libre ou Vert ? Ou comment concilier économie et écologie ? ». Pour répondre à cette question, le Medef a invité la ministre de la Transition écologique Barbara Pompili ; l'ex-président de l'Assemblée nationale, Bernard Accoyer, désormais à la tête de l'Association pour la défense du patrimoine nucléaire et du climat; la directrice générale d'Engie, Catherine MacGregor; la présidente de Régions de France et présidente de l'Occitanie, la socialiste Carole Delga; et enfin le maire de Bordeaux, Pierre Hurmic.

Alors que Bernard Accoyer vient de dénoncer l'influence néfaste des Verts sur la politique énergétique de la France, en particulier dans le champ du nucléaire, Pierre Hurmic prend la parole. Et recadre gentiment l'ex-occupant du perchoir :

« J'ai du mal à entendre ce terme d'écologie punitive. Ce n'est qu'à l'encontre des politiques écologiques et environnementales qu'on utilise des termes aussi violents, comme si toutes les autres politiques étaient festives, agréables… »

Mais au-delà, le maire de Bordeaux en profite pour s'adresser à la puissance invitante : le président du Medef, Geoffroy Roux de Bézieux, qui se trouve dans le public. Dans son discours d'ouverture, ce dernier a interpellé Bruno Le Maire, le ministre de l'Économie, lui demandant, après un an et demi de pandémie et de soutien aux entreprises, « d'arrêter le quoi qu'il en coûte » :

« Nous ne sommes pas devenus entrepreneurs pour vivre des aides de l'État. »

Une petite phrase qui n'a pas échappé à Pierre Hurmic et que le maire de Bordeaux reprend à sa manière.

Au président du Medef, il lance ainsi :

« Moi, j'aimerais de manière très consensuelle qu'on décrète la fin du quoi qu'il en coûte pour la planète. »

Le propos surprend et quelques applaudissements montent des tribunes. Même Geoffroy Roux de Bézieux approuve et se fend, lui aussi, de quelques brefs applaudissements dans un sourire. Certes, à l'applaudimètre de Longchamp, Pierre Hurmic ne dépasse pas Bernard Accoyer et son discours anti-écolo. Il n'empêche. Que le maire de Bordeaux, anonyme il y a encore un an, récolte ici quelques louanges de l'élite du patronat mérite d'être souligné.

Et Pierre Hurmic d'enfoncer le clou :

« Il n'y a pas plus d'hurluberlus chez les écologistes qu'ailleurs. Je suis avocat, j'ai géré une PME, le monde l'entreprise, je le connais. »

Un mois plus tard, le magazine interne du Medef lui consacre deux pages d'interview. Il a fait mouche.

UNE ÉLECTION QUI SUSCITE DES INQUIÉTUDES

Lorsque Pierre Hurmic remporte l'élection municipale en juin 2020, l'onde de choc dépasse le seul périmètre de la droite locale. Et atteint bien entendu les milieux économiques de la ville. Depuis la Libération, ils ont toujours eu comme interlocuteur un homme de droite. Jacques Chaban-Delmas, pendant presque cinquante ans ; Alain Juppé, pendant vingt-quatre ans ; Hugues Martin un an et Nicolas Florian, le successeur et héritier désigné de Juppé, un an également.

Pour les chefs d'entreprise aussi, l'arrivée d'un maire écologiste, allié aux socialistes et aux communistes, est une première. Et sur le papier, cette victoire pose beaucoup de questions. En particulier chez les professionnels du bâtiment. Confrontés à l'attractivité toujours plus forte de la métropole girondine, les anciens dirigeants bordelais Alain Juppé et le socialiste Vincent Feltesse visaient « une métropole millionnaire » en termes d'habitants. Une course à la construction de logements a donc été lancée. Au nord comme au sud de la ville, de nouveaux quartiers sont sortis de terre.

Or, lors de sa campagne, le candidat Pierre Hurmic a été clair : il mettra un terme à la bétonisation de la ville. Ajoutant :

« Bordeaux ne sera plus l'Eldorado de la promotion immobilière. »

À l'annonce de son élection, c'est tout un secteur qui s'inquiète. Et dans ce contexte, un interlocuteur s'impose, le président de la CCI, Patrick Seguin :

« Avant l'élection, Pierre Hurmic m'a contacté. On a déjeuné ensemble, le courant est passé. Sur l'environnement, c'est un militant engagé et c'est non négociable. »

Le candidat écologiste reprendra contact avec Patrick Seguin une semaine avant le second tour :

« Là, il me dit qu'il y croit et me propose qu'on se tutoie. »

Patrick Seguin accueille l'optimisme de Pierre Hurmic avec scepticisme, même s'il juge sévèrement la campagne de son adversaire, le maire sortant Nicolas Florian :

« Lui et son équipe ont été mauvais. Je le lui ai dit. »

Il n'empêche, au soir de l'élection de Pierre Hurmic, Patrick Seguin ne cache pas sa « sidération » :

« Ça m'a rappelé 1981 et l'élection de François Mitterrand. Les chefs d'entreprise disaient qu'il fallait partir de France car les communistes arrivaient. C'était un peu cet état d'esprit. Qu'est-ce qu'on va faire avec eux ? Le Medef était paniqué, comme les grandes familles du vin. »

Mais ce constat est à nuancer, comme il l'explique :

« Les chefs d'entreprise qui m'appellent parce que cette élection les inquiète sont des gens d'un certain âge. En revanche, les jeunes générations d'entrepreneurs ne sont pas troublées, car elles se sentent concernées par les préoccupations environnementales et sociétales. »

Cette dernière remarque le prouve une fois encore : Bordeaux a changé. Et les applaudissements récoltés au Medef confirment qu'écologie et économie ne sont pas si incompatibles, à condition de s'affranchir des caricatures.

UNE ROUTE CAHOTEUSE

Ces considérations passées, la CCI et la mairie de Bordeaux vont de toute façon devoir travailler ensemble.

Pierre Hurmic nomme Stéphane Pfeiffer – le benjamin de l'équipe – adjoint à « l'urbanisme résilient ». Un intitulé qui, là aussi, interroge :

« Ça m'a valu quelques coups de fil, souligne Patrick Seguin. Cela pouvait signifier que Bordeaux ne voulait plus accueillir d'entreprises alors qu'on avait des dossiers sur le port de Bordeaux et l'aéroport… »

Si le canal est ouvert avec Pierre Hurmic, la prise de contact entre Patrick Seguin et Stéphane Pfeiffer démarre toutefois sur des bases très élevées. Rendez-vous est pris à la mairie :

« Pfeiffer me dit : "J'étais délégué syndical à l'université et par principe, je ne serre pas la main aux patrons." »

Patrick Seguin ne se le fait pas dire deux fois :

« Je pars aussi sec. J'appelle Hurmic et je lui dis : "Vous n'avez pas la compétence économique, c'est la métropole qui l'a." »

Traduction : on fera sans vous. Voilà qui commence bien…

Malgré tout, le contact est maintenu avec Denis Congiu, le directeur de cabinet du maire.

« On doit travailler six ans ensemble, essayons de défendre nos points de vue avec du recul et la bonne approche », estime le président de la CCI.

Mais la route est cahoteuse. Dans l'euphorie du début de mandat, Pierre Hurmic annonce crânement la fin d'Invest in Bordeaux, l'agence de développement économique de la métropole. Virginie Calmels, ex-future dauphine d'Alain Juppé, lui avait trouvé un slogan : « Magnetic Bordeaux. » Problème, la formule et tout ce qu'elle sous-entend donnent des boutons à Pierre Hurmic. Mais Patrick Seguin ne l'entend pas ainsi :

« On est allés au carton. Je l'ai répété au maire de Bordeaux : "Vous n'avez pas la compétence." On serait la seule métropole de France à ne pas avoir d'agence de développement économique ? C'est absurde. Je ne parle qu'avec Alain Anziani. Et on parvient à une solution. »

Invest in Bordeaux n'est pas rayé de la carte. On dépoussière ses instances et son organisation, pour ne pas braquer l'élu. Mais sur le fond, rien ne change.

LA RUE BORDELAISE

Autre revers pour le maire de Bordeaux : le projet de « rue Bordelaise », dans le quartier de la gare. Pendant la campagne, il n'a cessé de dire qu'il barrerait ce projet d'un trait de plume une fois aux affaires[1]. Mais, là encore, les choses sont plus compliquées.

Cette rue, créée ex nihilo, est portée par le promoteur Apsys. En contrepartie d'un aménagement urbain qui ne coûte rien à la collectivité, il commercialisera des locaux commerciaux et des logements. Tel est le deal. Pierre Hurmic est coincé, revenir sur ce contrat et remettre les compteurs à zéro coûterait très cher. Et l'entraînerait dans un hara-kiri budgétaire fatal. Oubliés les propos d'estrade, bienvenue dans la vraie vie. Et aux premières loges de l'atterrissage se trouve Patrick Seguin :

« Hurmic se fait enfermer par ses élus. Apsys met 450 millions sur la table. Un dédit aurait coûté 100 millions. Je vois Hurmic fonctionner. Je découvre l'homme. Il est intelligent, il se fait son opinion et tranche. Il m'appelle et me dit : "On n'abandonne pas le projet mais on va batailler." »

C'est le cas. Un « comité d'enseigne » voit le jour. La ville et la CCI auront voix au chapitre sur le choix des commerces. La proportion de logements sera revue à la hausse. Le logement, c'est l'une de ses grandes promesses de campagne.

---

1. Même s'il ne coûte rien à la ville, Pierre Hurmic s'oppose à ce projet porté par un opérateur privé, car celui-ci se financerait sur les commerces qui s'y installeraient. En outre, il lui reproche un urbanisme minéral, ne laissant aucune place à la végétalisation ou aux espaces naturels.

Pour gérer l'urbanisme, il a choisi un professionnel, Bernard-Louis Blanc, ancien patron du bailleur social Aquitanis. Mais là aussi, le nouveau maire fait face aux « coups partis ». Dès lors, il intervient là où c'est encore possible. Le projet immobilier Brazza est amendé : plus d'espaces verts, moins d'artificialisation des sols.

Il lance même un label : le Bâtiment frugal bordelais. Mais la marque écolo n'apparaît pas aux yeux du grand public, qui voit toujours des forêts de grues et des immeubles sortir de terre.

« Le temps de l'action publique est très long, rappelle Pierre Hurmic. Il faut que je me batte. Notamment contre Euratlantique [dans le quartier de la gare[1]]. Ce n'est pas moi qui signe les permis, mais l'État. Mon avis ne compte pas. »

Le maire de Bordeaux se trouve face à une équation périlleuse : faut-il continuer à construire dans un contexte d'hostilité des habitants à tout nouveau chantier, et ce malgré les besoins et la hausse des prix ? Ou bien faut-il renoncer et faire du centre-ville une oasis de propriétaires prospères ?

C'est à ce moment que Bernard-Louis Blanc démissionne pour raisons personnelles. Pierre Hur-

1. Euratlantique est un établissement public d'aménagement créé à la fin des années 2000 pour la requalification du quartier de la gare en vue de l'arrivée de la LGV. Trois communes se trouvent sur ce périmètre de 738 hectares : Bordeaux, Bègles et Floirac.

mic perd là une pièce maîtresse de son dispositif. Ce qui le pousse à remanier son équipe et à confier ce dossier sensible à Stéphane Pfeiffer.

Lorsqu'il a un doute, Pierre Hurmic n'hésite pas à appeler directement Patrick Seguin. Mais dans leurs discussions, le président de la CCI le renvoie à ses responsabilités :

« Je lui répète souvent cette phrase : "Pierre, c'est toi le maire." »

18

« UN HIPPIE EN TONGS »

Ce 30 mai 2016, pas une figure du vignoble bordelais ne manque. Grandes familles, stars du bouchon et représentants de la filière sont sagement alignés derrière Alain Juppé. Ils attendent le président de la République, François Hollande, l'hôte de marque, pour inaugurer la Cité des civilisations du vin. Ce bâtiment à l'architecture audacieuse, qui a pris corps dans le quartier de Bacalan, le long de la Garonne, est un peu la pyramide du Louvre de l'ancien maire. Il tient là la touche finale de son projet urbain et le symbole du futur bordelais. Le locataire de l'Élysée arrive, mais l'ambiance est glaciale. À ce moment-là, François Hollande pense toujours qu'il pourra se représenter, quand Alain Juppé, porté par des sondages ascensionnels, croit toujours qu'il lui succédera un an plus tard…

À l'extérieur, aux abords de la Cité, l'ambiance est autrement plus chaude. Devant les cortèges de CRS, Philippe Poutou, lui aussi candidat à la présidentielle, manifeste avec les syndicats pour réclamer l'abrogation de la loi travail. Plus loin, un autre groupe manifeste aussi. Mais lui proteste contre l'utilisation des pesticides dans la viticulture. Les militants se couchent à terre pour « symboliser les morts passées et à venir en raison de l'utilisation de molécules chimiques de synthèse dangereuses pour l'homme ». Parmi les participants à ce « die in » se trouve un certain Pierre Hurmic. À cette heure, personne, pas même lui, n'imagine que, quelques années plus tard, une cravate sagement nouée autour du cou, il présidera le dîner de gala annuel de la Cité du Vin.

Il le reconnaît aujourd'hui :

« J'avais conscience du poids, de l'influence de cet univers dans l'histoire de la ville, mais pour être sincère, j'en étais très très éloigné. »

La vigne, c'est 50 000 emplois en Gironde et un outil d'influence. Le nom même de la ville est une « marque » connue de la planète entière. Désormais maire de Bordeaux, qu'en fera-t-il ? À l'annonce de sa victoire, le monde du vin suspend son souffle.

Pierre Hurmic prend très vite contact avec le milieu viticole. Jean-Pierre Xiradakis, l'emblématique patron de *La Tupina* – le restaurant préféré d'Alain Juppé – et ami de Pierre Hurmic, joue les entremetteurs. Il réserve le petit salon avec vue plongeante sur la cheminée pour un dîner au sommet. Autour de la nappe à carreaux on retrouve le maître des lieux ; le maire officiellement élu par son conseil municipal quelques jours plus tôt ; l'influent Bernard Farges, président du Conseil interprofessionnel des vins de Bordeaux (CIVB) – la plus grande interprofession du pays – ; et enfin Christophe Château, son directeur de la communication.

À ce dernier, Pierre Hurmic lance d'emblée :

« Je vous connais ! C'est vous qui étiez dans le comité de soutien à Nicolas Florian… »

Curieuse de manière de briser la glace.

LES ACTEURS APPRENNENT À SE CONNAÎTRE

Un ange passe. Une table roborative et quelques flacons permettent malgré tout de fluidifier les échanges. Le nouveau maire bénéficie d'un exposé complet et didactique sur les enjeux de la filière. En se quittant, les convives prennent date pour une visite de terrain. Elle a lieu quelques mois plus tard à la cave coopérative de Sauveterre. Entre-temps, Laurent Cassy, alors président des Vignerons bio de Nouvelle-Aquitaine, est sollicité pour servir d'agent de liaison. Ce viticulteur en biodynamie pour qui « la bio n'est pas une fin mais une simple étape » joue les guides dans cet univers complexe qui s'accommode mal des postures faciles et souvent trop simplistes.

Tandis que les viticulteurs l'observent, un premier signe rassure. Il nomme Brigitte Bloch adjointe au tourisme. L'ancienne patronne du tourisme en Nouvelle-Aquitaine connaît bien l'univers du vin. Les visites du vignoble sont une des premières raisons pour lesquelles les touristes se pressent à Bordeaux. Le mundillo reprend confiance.

Pierre Hurmic découvre aussi les liens indéfectibles qui lient l'aristocratie du bouchon et la ville dont il détient désormais les clés. Les grandes institutions culturelles de la ville, l'Opéra, le musée des Arts décoratifs, le musée d'Art contemporain, parviennent à boucler leurs fins de mois grâce à la générosité de leurs mécènes, dont beaucoup sont propriétaires de vignobles et de crus prestigieux. Le maire entame alors une tournée séduction dans le grand monde :

« L'arrivée d'un maire écolo, c'était une petite révolution pour eux. Je ne crois pas compter beaucoup d'électeurs dans leurs rangs… Je perçois de vraies inquiétudes. Il fallait que je rassure les mécènes de la ville. Je les ai tous rencontrés : Madame Wilmers au château Haut-Bailly, Philippe Sereys de Rothschild, la famille Cathiard, les Lurton… Ils s'attendaient à voir un hippie en tongs !

Il a fallu tordre le cou à certaines idées reçues. Au final, personne ne s'est désengagé. »

BORDEAUX FÊTE LE VIN

Un autre dossier arrive très vite sur le bureau du maire : la Fête du vin. Cette grande manifestation populaire est l'un des héritages des années Juppé. Tous les deux ans, les quais de Bordeaux se transforment en route des vins, les viticulteurs girondins faisant découvrir leurs cuvées au public. Au-delà, la fête est aussi devenue un outil de soft power de la ville. Elle s'est exportée à Bruxelles, Hong Kong et Québec. Mais dans l'équipe Hurmic, on tord du nez : cette fête n'est pas dans leur ADN et les viticulteurs sont aussi des diables de pollueurs...

Cette fois-ci cependant, la décision n'est pas soumise à l'horizontalité qui prévaut sur d'autres sujets. Et en juin 2022, après deux ans de covid, Pierre Hurmic inaugure la Fête du vin sur les quais de Bordeaux. Aux viticulteurs et négociants, il adresse ce message :

« Profitez d'avoir un maire écolo pour faire savoir que la filière fait des efforts ! »

Dont acte. La fête met en avant les viticulteurs engagés dans une démarche environnementale et bannit les plastiques. Le CIVB profite de l'occasion pour annoncer que Bordeaux vient de se hisser sur la première marche du podium des vignobles français en surface cultivée en bio.

PIERRE HURMIC ET LES MONDANITÉS

Cela dit, alors que le monde du vin sait recevoir, Pierre Hurmic reste rétif aux mondanités.

Le 26 avril 2022, l'Académie du vin de Bordeaux organise un dîner dans les salons du palais Rohan. Après deux ans de covid, elle a convié propriétaires, négociants, courtiers, œnologues… Alors que la tenue de soirée est de rigueur, Pierre Hurmic n'y sacrifie pas.

Dans le hall d'accueil de la mairie, il serre quelques mains, mais ne le cache pas : « Ce n'est pas mon truc. »

Surtout, sa soirée est déjà prise et il ne bouleversera pas ses plans pour rester au dîner au cours duquel quelques flacons merveilleux seront servis. Ce soir-là, Pierre Hurmic se contente du minimum syndical et d'un bref discours inaugural où il rappelle néanmoins son attachement au bio. Et aussi « le lien indéfectible entre Bordeaux et le monde du vin ». Tellement indéfectible qu'une poignée de minutes plus tard, alors que quelques-unes des personnalités les plus influentes du vignoble bordelais s'apprêtent à passer à table, il s'éclipse, laissant le soin à Brigitte Bloch, son adjointe au tourisme, de le représenter…

Sur les obligations liées à sa fonction, Pierre Hurmic le reconnaît, il ne court pas après les réceptions :

« Je préfère mal bouffer avec des bons copains que bien bouffer sans copains. Mais je fais des efforts. »

BATAILLE POUR L'OIV

Au-delà de l'anecdote, c'est surtout sur un autre terrain, moins feutré, que la question viticole va mobiliser le maire de Bordeaux et l'ensemble des forces vives de la ville. Nous sommes en juin 2021. L'Organisation internationale de la vigne et du vin, une sorte d'« ONU » du vin qui réunit 48 pays et représente 85 % de la production mondiale, est à la recherche d'un nouveau point de chute. Alors qu'elle est installée à Paris, c'est au locataire de l'Élysée, Emmanuel Macron, que revient le choix du nouveau siège de cette institution dotée d'un budget de 2,5 millions d'euros par an.

Plusieurs villes de France lèvent la main : Dijon en Bourgogne, Reims en Champagne et Bordeaux en Gironde. Mais la métropole girondine ayant eu du retard à l'allumage, la mobilisation générale est décrétée. La filière s'active avec Bernard Farges, le président du CIVB, et Philippe Castéja, le président du Conseil des grands crus. La CCI réserve une aile du prestigieux palais de la Bourse, situé face à la Garonne, et les politiques, toutes tendances confondues, font cause commune. Même si pour les députés En Marche, le moment est venu de montrer qu'ils ont du poids.

En coulisses, la bataille est âpre. Pierre Hurmic y prend sa part. Il déroule le tapis rouge à l'état-major de l'OIV. Et n'hésite pas à solliciter ce « cher Jean », Jean Castex, le Premier ministre.

Alors que leur échange passé sur France 2 à propos du sapin avait été piquant, le passage du locataire de Matignon à la mairie de Bordeaux, en février 2021, installe une tout autre relation. Le Premier ministre gravit les escaliers de la mairie à l'heure de l'apéritif. Pierre Hurmic lui sert un Chasse-Spleen. Le courant passe si bien qu'ils échangent leurs numéros de portables personnels. Ils communiquent ponctuellement. Sur des dossiers en cours ou pour savoir s'ils auront le plaisir de se croiser à la demi-finale du Top 14. Ils se donnent du « cher », leurs messages se terminent par « amitiés ». Pour attirer l'OIV dans les filets bordelais, le maire joue la carte Matignon.

Mais à quelques mois de la présidentielle, le dossier est aussi très politique. Dans cette perspective, Emmanuel Macron couve avec intérêt le maire de Dijon, François Rebsamen, figure de la gauche socialiste. À Bordeaux, on redoute un échange de bons procédés : le siège de l'OIV à Dijon en échange d'un soutien du maire au chef de l'État dès le premier tour de la présidentielle. Interrogé sur cette éventualité lors d'une conférence de presse, François Rebsamen répond :

« La présidentielle, c'est l'année prochaine et le président de la République lui-même a dit qu'il ne savait pas encore s'il serait candidat. Donc je ne peux pas soutenir quelqu'un qui n'a pas officiellement annoncé sa candidature. »

Une certitude : l'ancien ministre du Travail de François Hollande n'a pas lésiné sur les moyens. Pour appuyer la candidature de Dijon, il a mis sur la table un ensemble patrimonial de près de 2 000 m² situé au cœur du centre historique de Dijon, comprenant notamment l'hôtel particulier Bouchu dit d'Esterno, l'un des plus importants construits au milieu du XVIIe siècle. Le 25 octobre, l'OIV annonce son arrivée à… Dijon. Le 5 mars 2022, François Rebsamen apporte son soutien au président-candidat Emmanuel Macron.

Si la Bourgogne est une prestigieuse région viticole avec des crus exceptionnels, l'affaire a laissé une amertume certaine au maire de Bordeaux :

« On avait le meilleur dossier, on a joué serré. C'est pour des raisons politiques que l'OIV part à Dijon. Rebsamen est devenu macroniste et voilà… Ils ont gagné la partie de manière déloyale. Jean Castex m'a dit que ça s'était réglé au niveau présidentiel. Le fait du prince… Pour gagner, il aurait fallu que j'appelle à voter Macron ? C'est dégradant, l'idée que l'on doit se faire de la politique. »

Vachard, il conclut :

« Autant on associe Bordeaux au vin, autant quand on parle de Dijon, ce qui vient immédiatement en tête, c'est quand même la moutarde. »

Pendant deux décennies, la défaite a été un invariant de la vie politique de Pierre Hurmic. Maintenant qu'il est maire, il n'aime plus perdre.

19

« J'AIME ME PLACER LÀ OÙ ON NE M'ATTEND PAS »

En gagnant les municipales de juin 2020, Pierre Hurmic a fait irruption dans l'histoire politique de Bordeaux. Comment laisser une trace en seulement deux ans et demi de mandat ? Comment ne pas souffrir de la comparaison avec ses deux illustres prédécesseurs, deux Premiers ministres, deux monstres de longévité : Jacques Chaban-Delmas et ses quarante-huit ans de règne, Alain Juppé et ses vingt-cinq ans de mandat ? La comparaison est d'autant plus difficile que l'un et l'autre sont à ranger dans la catégorie des bâtisseurs.

DEUX ILLUSTRES PRÉDÉCESSEURS

Chaban qui, après avoir libéré Bordeaux, la précipite dans les bras des Trente Glorieuses. Au nom du progrès, du modernisme, il façonne la ville par et pour la voiture. Il la réinvente. S'il en fallait une image, ce serait le quartier Mériadeck et ses immeubles futuristes. La marque de ces années soixante-dix, quand le béton poussait en toute saison, comme un symbole d'abondance.

Puis vint Juppé, qui a méticuleusement détricoté l'héritage de son prédécesseur. Il enterre le projet de métro, chasse la voiture pour réaménager la ville autour du tram, quitte à passer en force. C'est à Juppé que l'on doit la redécouverte des quais, la réunion des deux rives, la Cité du Vin… Sous son impulsion, Bordeaux s'est offert une révolution urbaine, trustant tous les classements des villes les plus attractives. Mais en rêvant d'une agglomération millionnaire, Alain Juppé a été rattrapé par ses propres succès : envol des prix de l'immobilier, conséquence d'une ville toujours plus attirante et magnétique ; gentrification ; saturation de la rocade. Une frontière s'est dessinée entre la ville et ses périphéries. Ce n'est pas un hasard si Bordeaux est devenue une ville symbole lors des mouvements des gilets jaunes.

UNE RUPTURE DE MÉTHODE

Dès lors, comment trouver sa place face à une telle histoire ? Or, si cette question se pose, Pierre Hurmic y a répondu. Et là encore à sa manière. Alors que ses détracteurs ne manquent pas une occasion d'épingler un « immobilisme vert », le maire de Bordeaux assume : il n'est pas, et ne sera pas, un maire bâtisseur.

En conscience, il choisit d'incarner une rupture dans l'habitus politique bordelais : exit les « grands projets », place à une action par petites touches. L'impressionnisme plutôt que l'impressionnant. Il ne s'en offusque pas, au contraire :

« L'impressionnisme, c'est une esthétique de plein air, de modernité, de couleurs. Si la politique que je mène à Bordeaux remplit ces trois critères, j'en suis très heureux. Il ne faut pas oublier que l'impressionnisme était un mouvement qui s'insurgeait contre l'art académique. Il était contestataire, novateur. Bien sûr, ça ne faisait pas que des heureux. C'est aussi ma vision de la politique que nous portons à Bordeaux. »

Aussi, Pierre Hurmic ne manque pas une occasion de mettre en avant la ville « apaisée » qu'il entend faire émerger : généralisation des limitations de vitesse à 30 km/h ; réduction de la circulation à deux fois une voie sur les boulevards, au grand dam des maires voisins ; les « rues aux écoles » interdites à la voiture ; la piétonnisation de nouveaux secteurs comme les Chartrons. Le maire pioche dans ce qui se fait déjà ailleurs.

Côté innovation, il se distingue avec le label Bâtiment frugal bordelais. En matière d'immobilier, les économies d'énergie restent sa priorité. L'enjeu est de taille, en plus d'être un vrai casse-tête dans une ville classée au patrimoine mondial de l'Unesco. Il a trouvé là un angle mort. Au sein du congrès des villes Unesco, il plaide l'aggiornamento. L'idée est de permettre aux secteurs sauvegardés de s'adapter aux impératifs de réchauffement climatique. En clair: installer des panneaux solaires et végétaliser là où les règlements de l'organisation internationale l'interdisent. Ce combat, il le mène avec l'appui de plusieurs maires, notamment Bruno Marchand, le maire de Québec qui préside l'association des villes Unesco, ou encore le premier édile du Havre, un certain Édouard Philippe, fils spirituel d'Alain Juppé…

Toujours sur le plan international, Pierre Hurmic, qui a pris la présidence du Forum mondial de l'économie sociale et solidaire, se bat pour obtenir une résolution à l'ONU sur le sujet. Pour l'occasion, et en dépit des clivages, il fait cause commune avec Marlène Schiappa, secrétaire d'État à l'Économie sociale et solidaire et à la Vie associative. Fin janvier, dans l'intimité de son bureau au palais Rohan, elle livrait ce constat un rien emphatique mais pourtant vrai:

« Le maire de Bordeaux et moi portons la voix de la France! »

DÉPASSER LES LIMITES DE L'IMPRESSIONNISME

Cependant, cette écologie en pointillé, sans tambour ni trompettes, pourrait finir à la longue par révéler autant un manque d'idées que d'ambition. Le risque est bien identifié. En cette rentrée 2023, Pierre Hurmic a donc tracé une nouvelle feuille de route. Le droit d'interpellation verra le jour. Désormais, une pétition forte de 4 000 signatures suffira pour qu'un débat ait lieu en conseil municipal.

Comme un symbole, la rénovation et le réaménagement de la dalle de Mériadeck est dans les cartons... Et bien sûr, l'accélération du plan de végétalisation de la ville baptisé « Bordeaux grandeur nature ». Tant pis si ses micro-forêts suscitent plus de sarcasmes que d'adhésion. En passant la démultipliée, il se peut que ce changement de destination de la ville de pierre se transforme en évidence, dès 2026.

Mais il lui faudra entre-temps jongler avec une équation budgétaire contrainte par les crises à répétition. Ce qui nourrit déjà l'accusation d'un procès intenté pour promesses de campagne non tenues, faute de temps, faute d'argent.

LE TOUR DE FRANCE

« J'aime me placer là où on ne m'attend pas », se plaît à répéter Pierre Hurmic.

C'est dans cette logique que Bordeaux accueillera le Tour de France au mois de juillet prochain, après treize ans d'absence. Qu'un maire écologiste soit un ardent supporter du vélo n'est pas une surprise. Pour le Tour, c'est moins évident. La grande boucle est honnie par une partie des Verts, jusque dans son équipe. En juillet 2021, Grégory Doucet, le maire écologiste de Lyon, déclenche la polémique, expliquant qu'il voit dans le Tour de France une manifestation véhiculant « une image machiste du sport » en plus d'être polluante. À l'époque, tous les maires écolos avaient été mis dans le même sac.

Pierre Hurmic, lui, est un fondu du Tour de France. Nicolas Sarkozy, en visite « républicaine » au palais Rohan en octobre 2021, en était tombé de sa chaise. Pendant une vingtaine de minutes, les deux hommes avaient échangé sur cette passion commune. L'ancien président était d'ailleurs l'un des premiers à être dans la confidence d'un retour du Tour à Bordeaux.

Été 2021 : la caravane du Tour fait étape à Libourne. Pierre Hurmic joue des coudes pour rencontrer Christian Prudhomme, le patron de l'épreuve. Il lui sert la candidature bordelaise sur un plateau. Les deux hommes y trouvent leur intérêt. Pour l'épreuve, s'arrêter dans une grande ville dirigée par un écologiste ressemble à une caution verte bienvenue. Quant au maire de Bordeaux, il trouve là une occasion de déconstruire l'image des écolos bobos urbains qui regardent les manifestations populaires avec des jumelles.

UNE CERTAINE CONTINUITÉ

C'est un fait : en un peu plus de deux ans, le maire de Bordeaux a appris à gouverner. Mais sans se renier. Ainsi, Pierre Hurmic est un maire qui manifeste, comme il le faisait lorsqu'il était simple conseiller municipal d'opposition. Il a notamment défilé contre la loi sécurité globale de Gérald Darmanin en 2020, ce qui lui a valu une pluie de critiques des commerçants bordelais. En janvier 2023, il a été aperçu dans le cortège contre le projet de réforme des retraites. Et on le retrouve au premier rang du cortège des anti-LGV, l'un de ses combats les plus chers :

« Ce projet est aberrant et anachronique, je n'en veux pas. Le culte de la vitesse est un présupposé dépassé. Il faut relier les territoires, donner la priorité aux trains du quotidien pour des dessertes régulières, qui passent par les lignes existantes, au lieu d'agiter les chimères de la grande vitesse. Ce sont des schémas d'il y a trente ans ! Je ne veux pas de trains qui saccagent notre environnement. »

Ès-qualités, il a pris la tête d'une contestation qui point partout dans la région. En ralliant à sa cause le maire de Bayonne Jean-René Etchegaray (UDI), et José-Antonio Santano, premier magistrat d'Irún, à la frontière espagnole, Pierre Hurmic peut d'ores et déjà se flatter d'avoir signé un exploit encore inédit : faire du maire de Bordeaux une figure populaire… au Pays basque !

ÉPILOGUE

« JE SUIS LE PREMIER DES IMPATIENTS »

Au moment où nous terminons d'écrire ce livre, en janvier 2023, Pierre Hurmic s'approche de la mi-mandat. En juin, il ne lui restera plus que trois ans d'exercice. À partir de là, le temps commencera à jouer contre lui. Et une question à s'imposer : quelle trace laissera-t-il dans l'histoire bordelaise ? Si nous avons évoqué les grandes lignes de son action, l'heure n'est pas venue de dresser son bilan et ce n'était en aucun cas l'ambition de ce livre. Notre sujet était Pierre Hurmic, ses ressorts, ses convictions, ses contradictions, ce qui l'anime.

Cependant, cette question en sous-tend une autre, plus personnelle : pense-t-il déjà à l'après ? Si l'élection municipale était programmée en 2023, oui, il se représenterait. Il nous l'a affirmé. 2026 est encore loin, mais la perspective d'une nouvelle candidature est bien ouverte. Reste qu'au-delà de sa personne, c'est aussi l'avenir de la bascule historique de 2020 qui se jouera dans trois ans. Dit autrement : cette expérience écologiste dépassera-t-elle le seuil de la parenthèse ?

Sur ce point, trois constats s'imposent, en dehors de toute politique-fiction.

OÙ VONT LES VERTS ?

Le premier tient à la situation même des Verts. Au plan national, en ce début 2023, l'écologie politique reste dominée par des élu.e.s toujours plus radicaux. À commencer par Sandrine Rousseau. Nous l'avons écrit, Pierre Hurmic est sur une tout autre ligne. Mais surtout, sa politique à Bordeaux le place à l'opposé des thèses défendues par l'écoféministe.

Sur la sécurité, n'a-t-il pas renforcé le parc de caméras de surveillance de la ville, comme l'aurait fait un maire de droite ? Il ne rêve pas de voir les amateurs de barbecue brûler en enfer. Et il va aggraver son cas le 7 juillet 2023, en accueillant la 7e étape du Tour de France.

Au-delà, s'il s'exprime peu sur les sujets de société, il n'est ni sourd ni aveugle. Concernant la PMA, la procréation médicale assistée, ce fervent catholique y voit « un progrès sociétal et médical ». Quant à la GPA, la gestation pour autrui, il se dit proche des thèses défendues par le biologiste Jacques Testart, le père scientifique d'Amandine, le premier bébé-éprouvette né en France en 1982. Il se dit proche aussi des analyses du professeur et obstétricien René Frydman et du généticien Axel Kahn. Soit trois personnalités particulièrement critiques envers la GPA :

« Les scientifiques nous alertent sur l'arrivée d'un marché procréatif de la personne humaine. Je suis pour un débat ouvert, mais nous devons interroger le progrès. La technologie peut libérer comme elle peut asservir. Je ne suis pas pour une société où tout s'achète et tout se vend. Je ne serai jamais pour le techno-libéralisme. »

Sur ces sujets, comme le transhumanisme ou l'intelligence artificielle, Pierre Hurmic l'assure :

« Mon opinion ne dépend pas d'oukases, ni des philosophes de comptoir comme Luc Ferry… »

Dès lors, où le situer sur l'instable échiquier politique des écologistes ? Au moment où ce livre part à l'impression, le congrès d'Europe Écologie les Verts a rendu son verdict : Marine Tondelier, la conseillère municipale d'opposition à Hénin-Beaumont dans le Pas-de-Calais, a pris les commandes. Mais du parti, Pierre Hurmic n'en a cure. Il n'a aucune sympathie pour l'appareil. Il fait comme il l'entend, en dehors de toute consigne. Dès son élection, il a placé son mandat sous le signe de « l'urgence climatique ». Cela n'a bien entendu pas empêché les incendies hors normes de Landiras et de La Teste en Gironde deux ans plus tard, mais on ne pourra pas lui reprocher de s'être trompé de combat.

« Ces événements montrent qu'il faut aller encore plus vite sur la transition écologique. Je suis le premier des impatients. Les arbres ont besoin de temps pour pousser, on ne peut pas en planter à toutes les saisons. Ma priorité, c'est de placer la ville sur la bonne trajectoire. »

Les Verts peuvent continuer à se radicaliser, Pierre Hurmic est inclassable. Presque ingérable. Cette autonomie – sans cesse revendiquée – est l'un de ses marqueurs.

Pour les deux autres constats, il convient de resserrer la focale sur la politique bordelaise. Et uniquement sur elle.

LA PHYSIONOMIE DE BORDEAUX A CHANGÉ

Constat numéro deux donc : vingt-quatre mois après les municipales, il y a toujours un espace pour les écologistes à Bordeaux. C'est précisément ce qu'a montré la victoire de Nicolas Thierry aux législatives de 2022. L'ex-tête de liste des Verts aux régionales de 2021 a en effet nettement battu la députée sortante, la macroniste Catherine Fabre. Alors qu'en 2017, à la faveur de la vague Macron, elle avait évincé l'ancienne ministre socialiste Michèle Delaunay, elle n'a, cette fois, rien pu faire face à cet écologiste tacticien et solide sur ses dossiers. À cet égard, cette victoire de Nicolas Thierry prouve que l'élection de Pierre Hurmic ne peut se résumer à un accident dans une ville ou quatre habitants sur dix n'étaient pas bordelais il y a à peine dix ans.

UNE TAMBOUILLE BORDELAISE

Enfin, un autre événement est venu éclairer la scène bordelaise. Mais pour l'appréhender, il convient de zoomer encore un peu plus. Il s'agit de l'élection départementale partielle d'octobre 2022 organisée sur le canton de Caudéran, fief historique de la droite. Certes, cette échéance ne concerne par la mairie de Bordeaux, mais elle a montré une chose : la droite bordelaise et les macronistes, soit les mariés de l'entre-deux tours des municipales de 2020, préparent déjà la suite. En clair : les municipales de 2026. Mais chacun de leur côté. Et cela promet d'être aussi saignant qu'avant la farce de leur mariage de 2020.

Voici la scène : au deuxième tour de cette cantonale partielle, deux binômes s'affrontent. Le premier, incarné par Géraldine Amouroux et Gérald Carmona, porte les couleurs de LR. Le second, associe deux macronistes : l'ancienne députée Catherine Fabre et Aziz Skalli, le président de Renaissance en Gironde, par ailleurs tous deux conseillers municipaux d'opposition à Bordeaux. À l'arrivée, LR l'emporte avec, en plus, les félicitations de… Fabien

Robert, l'élu MoDem bordelais et ancien adjoint à la culture d'Alain Juppé.

On entre là dans la grande tambouille bordelaise. Alors qu'au national, le MoDem est l'allié historique des macronistes, à Bordeaux, Fabien Robert soutient les LR… Rappelons qu'au conseil municipal de Bordeaux, il siège avec l'ancien maire LR Nicolas Florian, tandis que les macronistes, réunis autour de Thomas Cazenave désormais député, siègent eux de leur côté…

Que les mariés de 2020 continuent de se jeter la vaisselle à la figure et Pierre Hurmic verra, servi sur un plateau, un élément décisif pour l'emporter : des adversaires divisés.

Cependant, les premiers jours de 2023 ont montré que l'équation pourrait être un peu plus complexe. Début janvier, Nicolas Thierry inaugure sa permanence parlementaire dans le quartier Saint-Michel. Et c'est un drôle de tableau qui se dessine. Parmi les invités se trouvent des écologistes, dont la sénatrice Monique de Marco et Clément Rossignol-Puech, le maire de Bègles, mais aussi des Insoumis : le député de Gironde Loïc Prud'homme, Rachel Keke, l'ex-femme de chambre désormais députée du Val-de-Marne ou encore Priscillia Ludosky, l'une des initiatrices du mouvement des gilets jaunes… Ce soir-là, Nicolas Thierry assume au grand jour son appartenance à la Nupes et un ancrage à gauche toute. Mais cette réunion a aussi valeur de message.

Pierre Hurmic, qui est là, se fait tout petit. Il se tient seul à trois mètres de la tribune, la mine fermée. Les Insoumis et l'extrême gauche, très peu pour lui. Or, en privé, Nicolas Thierry ne désespère pas de lui imposer une telle alliance pour les prochaines municipales…

L'écologiste se laissera-t-il déborder sur sa gauche ? Quoi qu'il en soit, il est une certitude que ses adversaires d'aujourd'hui et demain devront garder à l'esprit : Pierre Hurmic a pris goût au pouvoir.

TABLE

Illustration de couverture :
Pierre Hurmic devant l'hôtel de ville à Bordeaux, le 29 juin 2020.
L'écologiste s'installe quelques jours plus tard au Palais Rohan.